Baukunst des Mittelalters in Sachsen
Matthias Barth

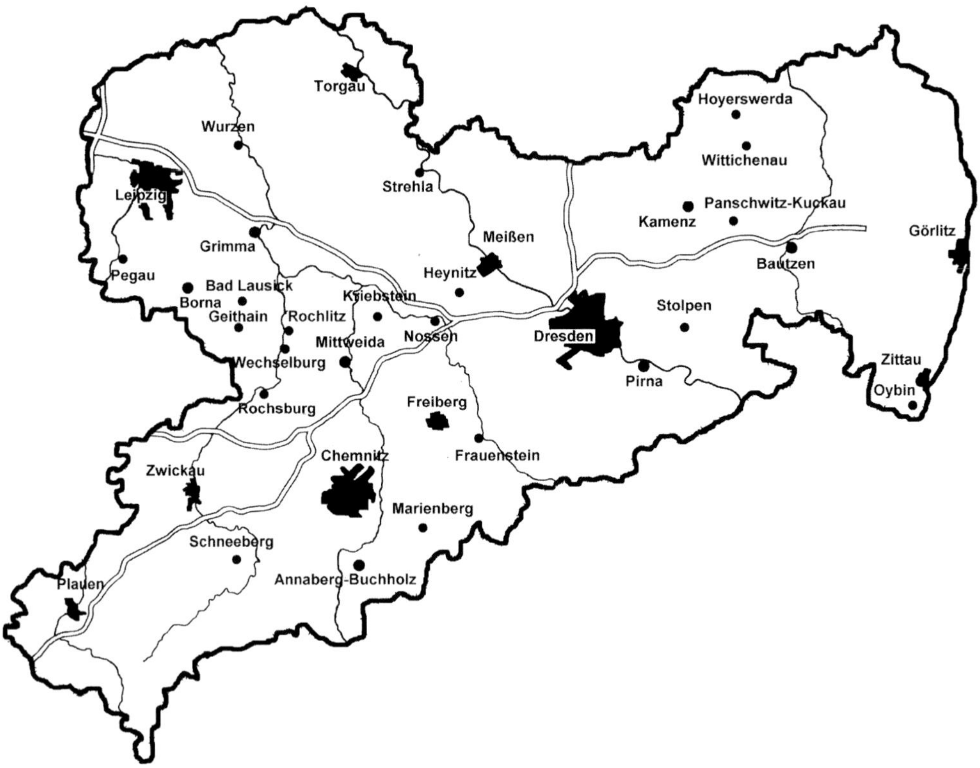

Torgau
Hoyerswerda
Wurzen
Wittichenau
Strehla
Leipzig
Panschwitz-Kuckau
Kamenz
Meißen
Görlitz
Grimma
Bautzen
Heynitz
Pegau
Bad Lausick
Kriebstein
Stolpen
Borna
Geithain
Rochlitz
Nossen
Dresden
Mittweida
Zittau
Wechselburg
Pirna
Oybin
Freiberg
Rochsburg
Chemnitz
Frauenstein
Zwickau
Marienberg
Schneeberg
Annaberg-Buchholz
Plauen

BAUKUNST
DES MITTELALTERS
IN SACHSEN

Matthias Barth

HINSTORFF

Titel: Görlitz, St. Peter-und-Paul-Mittelschiff nach Osten: Das von schlanken Bündelpfeilern geteilte 67 Meter lange Kirchenschiff beeindruckt durch seine Eleganz und durch seine Dimensionen. Die Gewölbe des höchsten aller gotische Sakralräume in Sachsen schließen in 27 Meter Höhe.

Die Deutsche Bibliothek – CIP-Einheitsaufnahme

Barth, Matthias:
Baukunst des Mittelalters in Sachsen / Matthias Barth – Rostock:
Hinstorff 1998
ISBN 3-356-00795-5

1. Auflage 1998
Druck und Bindung: Druck- und Verlagshaus Erfurt GmbH
Printed in Germany
ISBN 3-356-00795-5

INHALT

EINFÜHRUNG

Wenngleich man in einer vermeintlich so vertrauten Kulturlandschaft wie dem Freistaat Sachsen kaum mehr verborgene Schätze vermutet, findet man auch hier – vielleicht gerade wegen der Menge an allseits Bekanntem – noch vieles, das wert wäre, mit mehr Aufmerksamkeit bedacht zu werden. In besonderem Maße gilt dies für die Bauten aus romanischer und gotischer Zeit, die hier – am geographischen Ausgangspunkt der deutschen Reformation – stets im Schatten der Werke aus nachreformatorischer Zeit standen. Die mittelalterlichen Bauten Sachsens sind jedoch nicht nur zum großen Teil von besonderem künstlerischen Rang, sie nehmen darüber hinaus in der deutschen Kulturgeschichte eine einzigartige Sonderstellung ein. Für die Kunsthistoriker waren sie vor allem deshalb stets von besonderem Interesse, weil man an ihnen die Etappen des Stilwandels sowohl von der Spätromanik zur Gotik als auch die von der Spätgotik zur Renaissance so lückenlos verfolgen kann wie kaum irgendwo sonst.

Obschon gerade in Sachsen im späten 15. und frühen 16. Jh. eine Vielzahl künstlerisch erstrangiger Profanbauten entstanden, die natürlich auch hier gebührende Beachtung finden sollen, wird dieses Buch – wie die meisten Darstellungen mittelalterlicher Architektur – vom Kirchenbau dominiert. Eine weitere inhaltliche Asymmetrie ergibt sich bei der kursorischen Behandlung der mittelalterlichen Architektur Sachsens zwangsläufig von selbst. Wenn auch die romanische sowie die früh- und hochgotische Architektur in diesem Buch zu ihrem Recht kommt, ist der überwältigende Teil von Text und Bild den Schöpfungen aus spätgotischer Zeit gewidmet. War das Territorium des heutigen Freistaates im Vergleich mit seinen Nachbarregionen schon im 11. bis 14. Jh. schwerlich als kulturell arm zu bezeichnen, so kam es doch erst mit der im späten 15. Jh. erfolgten neuerlichen Erschließung von Silbererzvorkommen zu der geradezu rauschhaften Bauwut, der die Region ihre kulturelle Führungsposition verdankt. Daraus erklärt es sich, daß die letzten Jahrzehnte des ausklingenden Mittelalters das Antlitz der Städte nachhaltiger prägten als alle vorausgegangenen Epochen. An den Bauten dieser Zeit entzündete sich ein Disput unter den Kunsthistorikern, der bis in unsere Tage nachwirkt.

Obwohl sich in Sachsen mit der Sprengung der Leipziger Paulinerkirche („Universitätskirche“) eines der schlimmsten Kulturverbrechen der DDR-Geschichte abgespielt hat, und die Folgen der allgemeinen Verwahrlosung noch vielerorts zu besichtigen sind, muß doch der Gerechtigkeit halber bemerkt werden, daß das System keinesfalls nur zerstörerisch wirkte. Die Denkmalpfleger Sachsens haben unter schwierigen Bedingungen manche Großtat vollbracht. Nach dem Zusammenbruch der DDR wurden die denkmalpflegerischen Anstrengungen vervielfacht, und vielerorts strahlen wieder ganze Straßenzüge in neuem Glanz.

Das in diesem Buch behandelte Gebiet ist mit dem Territorium des 1952 aufgelösten und 1990 weitgehend wiederhergestellten Bundeslandes Sachsen identisch. Weil die bestehende politische Konstruktion jedoch insofern unhistorisch ist, als große Teile Sachsens durch die sogenannte Leipziger Teilung von 1485 sowie durch den Wiener Kongreß 1815 verloren gingen und die Lausitz im Laufe der Geschichte etliche Male den Besitzer wechselte, besteht der mittelalterliche Kulturraum Sachsens nicht mehr in der ursprünglichen geographischen Einheit. Um stilistische Entwicklungslinien prägnanter aufzeigen zu können, werden im Text auch Bauten erwähnt, die heute außerhalb der Grenzen des Freistaates liegen.

Angesichts der glücklicherweise noch immer kaum überschaubaren Vielzahl erhaltener Objekte muß sich ein Buch wie das vorliegende zwangsläufig darauf beschränken, die grundlegenden Eigenschaften dieses Architekturgenres anhand einer gewiß hier und da willkürlichen Auswahl der bedeutendsten mittelalterlichen Kirchen, Burgen, Wohnhäuser und Stadtbefestigungen zu erläutern.

DIE ROMANISCHE ARCHITEKTUR

Geschichte

Die Siedlungsgeschichte des von Mulde, Zschopau, Elbe und Spree durchflossenen Landes weist neben zahlreichen Gemeinsamkeiten auch entscheidende Unterschiede zu den angrenzenden Kulturlandschaften Mittel- und Ostdeutschlands auf. Anders als in Brandenburg oder in Mecklenburg begab sich in Sachsen im Zuge der Völkerwanderung nur ein geringer Teil der seit dem 5. Jh. v. Chr. ansässigen Germanenstämme (zumeist die Semnonen) auf die Wanderschaft. Der größere Teil vor allem der Hermunduren, die seit dem 3. Jh. allmählich mit den von Norden nachrückenden Angeln und Warnen verschmolzen und mit diesen gemeinsam das Thüringerreich gründeten, folgte dieser Bewegung nicht. Die bis ins Frühmittelalter hinein anhaltende germanische Herrschaft läßt sich in Sachsen-Anhalt und teilweise auch im nordwestlichen Sachsen an den gelegentlich auf -mar, -leben, -städt oder -ingen endenden Ortsnamen z. T. noch heute auf den Landkarten ablesen. Erst mit der Eroberung und Zerschlagung des Thüringerreiches durch die Merowinger im Jahre 531 wurde in Sachsen der Boden für die Neubesiedlung durch die vorwiegend aus dem böhmischen Raum eindringenden Slawen bereitet. Noch im 6. Jh. wurde das Gebiet hauptsächlich von den sorbischen Stämmen der Milziener und der Daleminzier in Besitz genommen. Wie die Germanen bewohnten sie meist kleine Dörfer oder Weiler in Rundlingsform, errichteten im Unterschied zu diesen aber bereits aufwendige hölzerne Festungen auf künstlich aufgeschütteten Erdwällen, die mancherorts noch heute im Landschaftsprofil erkennbar sind.

Die Annexion Sachsens durch das sich bildende deutsche Reich vollzog sich in mehreren Etappen und nahm ihren Ausgang mit der militärischen Unterwerfung der Sorben durch König Heinrich I. aus dem Hause Liudolfingen in den Jahren 928 und 929. 929 wurde die Burg Meißen als künftiges politisches Zentrum des auch weiterhin fast ausschließlich von Slawen bewohnten Landes gegründet. Mit der 968 durch Otto den Großen erfolgten Gründung der Bistümer Meißen, Merseburg und Zeitz wurde die Christianisierung Sachsens eingeleitet. Das Zeitzer Bistum wurde 1030 nach Naumburg verlegt. Die sächsischen Diözesen unterstanden dem gleichfalls 968 gegründeten Erzbistum Magdeburg, das den Angelpunkt der Christianisierung Mittel- und Ostdeutschlands bildete. Anders als die wendischen Stämme Mecklenburgs und Brandenburgs unternahmen die Sorben keine ernsthaften Versuche, sich der deutschen Eroberer wieder zu entledigen, und arrangierten sich statt dessen frühzeitig mit den neuen Herren. Der große Wendenaufstand 983 breitete sich nicht nach Sachsen aus. Unter anderem dieser Tatsache war es zu verdanken, daß es hier nicht zu Vertreibungen kam und der slawische Bevölkerungsanteil nicht in die Rolle einer ausgegrenzten allmählich aussterbenden Unterschicht geriet, sondern sich langfristig in Staat und Wirtschaft zu integrieren vermochte. In der Lausitz konnten sich Reste der sorbischen Kultur bis in unsere Tage erhalten. Infolgedessen nahm die in der zweiten Hälfte des 12. Jahrhunderts einsetzende, in Nordostdeutschland mit den militärischen Unternehmungen Heinrichs des Löwen und Albrechts des Bären verbundene „Deutsche Ostkolonisation" in Sachsen keinen vergleichbar dramatischen Verlauf. Die noch fast ausschließlich slawische Bevölkerung wurde auch durch die folgende Einwanderung deutscher Siedler nicht ins Abseits gedrängt, vermischte sich im Gegenteil verhältnismäßig rasch mit den Neuankömmlingen und ging somit im neuentstehenden Stamm der Obersachsen auf.

Nachdem im sächsischen Kernland – der Mark Meißen – bis ins 12. Jh. hinein verschiedene Herrschergeschlechter regiert hatten, wurde 1124, nach dem Tode des Wiprecht von Groitzsch, mit Konrad dem Großen ein Vertreter aus dem Hause Wettin zum Markgrafen von Meißen erhoben. Die Wettiner waren in Sachsen bereits seit dem 10. Jh. ansässig – ihre Stammburg befindet sich an der Saale rund 15 km flußabwärts von Halle – und sie sollten das Land nun bis zum Ende des Ersten Weltkrieges regieren. Konrad gelang es während seiner bis 1136 andauernden Regierungszeit zusätzlich zur Mark Meißen u. a. auch die Oberlausitz (1136) und die Region um Zwickau zu erwerben. Sein Nachfolger Otto der Reiche (1156-90) trieb die Besiedlung und Städtegründung systematisch voran.

Sakralbauten wurden im späteren Sachsen somit bereits seit ottonischer Zeit, also lange vor dem Beginn der „Deutschen Ostkolonisation", errichtet, und die Entwicklung der ottonischen und der romanischen Architektur vollzog sich entsprechend im Gleichklang mit dem Altreich. Anders als in Sachsen-Anhalt (Gernrode) haben sich in Sachsen jedoch keine Bauten aus der Zeit vor der Jahrtausendwende erhalten. Eine möglicherweise noch 968 erbaute steinerne Kapelle auf dem Meißener Burgberg ist ebenso wie der ab 1006 an ihrer Stelle errichtete romanische Dom dem Neubau aus dem späten 13. Jh. gewichen. Auch die ersten noch holzgefertigten sorbischen Dorfkirchen sind ausnahmslos durch zumeist feldsteingefertigte Nachfolgebauten ersetzt worden. Die ersten Mönche, die sich in der Region niederließen, waren die in Nordostdeutschland kaum vertretenen Benediktiner (Pegau – 1091, Chemnitz – 1136, Bad Lausick – 1. Hälfte 12. Jh.), die jedoch in Thüringen einflußreiche Zentren besaßen (Paulinzella, Thalbürgel). Die Zisterzienser und Prämonstratenser, die bei der Christianisierung Mecklenburgs, der Alt- und Mittelmark sowie der Niederlausitz führend waren, erlangten im sächsischen Raum, dessen erste Christianisierungsphase bereits vor der Gründung der Reformorden weitgehend abgeschlossen war, keine vergleichbare Stellung. Das erste cluniazensisch beeinflußte Zisterzienserkloster entstand 1162 in Nossen (Altzella) und diente in der Folge als Grablege der Meißener Markgrafen. Auch die im Süden des heutigen Sachsen-Anhalt (Halberstadt, Hamersleben) stark vertretenen Augustiner errichteten in Sachsen mehrere Stiftskirchen (Wechselburg, Meißen, Leipzig). Neben den Klosterkirchen wurden wie etwa in Bautzen (St. Petri – vermutlich vor 1002), Borna (St. Kunigunden – 12. Jh.), Geithain (St. Nikolai – Anfang 13. Jh.), Colditz (St. Nikolai – 12. Jh.), Görlitz (St. Peter-und-Paul – etwa 1200) Freiberg (Unser lieben Frau – Ende 12. Jh.) oder Meißen (St. Nikolai – 13. Jh.) auch ungewöhnlich viele Stadtpfarrkirchen errichtet. Den zahlenmäßigen Hauptanteil romanischer Sakralbauten repräsentieren in Sachsen jedoch nicht die hier naturgemäß mit Priorität behandelten monastischen und stadtbürgerlichen Großbauten, sondern die dörflichen Eigen- oder Patronatskirchen, die, seit die Zahl deutscher Siedler vor allem unter der Herrschaft Wiprechts von Groitzsch stetig zuzunehmen begann, in kaum überschaubarer Menge entstanden.

Der geographische Verlauf der Besiedlung läßt sich anhand der Verteilung der romanischen Kirchenbauten mühelos auf der Karte nachvollziehen. Abgesehen vom Meißener Dom, dem im Zusammenspiel mit der Burg besondere strategische Bedeutung zukam, und der von Meißen abhängigen Bautzener St. Peterskirche, befinden sich fast alle größeren Bauten des 11. und frühen 12. Jahrhunderts (Wurzen, Bad Lausick, Grimma, Pegau usw.) im Nordwesten des Landes – in der Region um Leipzig. Auch das Netz romanischer Dorfkirchen ist in diesem Gebiet wesentlich dichter, und die Bauten sind im Schnitt deutlich älter als die im Süden und Osten Sachsens.

Bestand die wirtschaftliche Grundlage bis weit in die zweite Hälfte des 12. Jahrhunderts hinein vorrangig in der Landwirtschaft und dem Handel mit deren Produkten, so änderte sich dies schlagartig, als 1168 bei Freiberg erstmals reiche Silbererzlager entdeckt wurden. Im Gefolge dieses Ereignisses, das die wirtschaftliche Voraussetzung für den kulturellen Aufstieg Sachsens darstellte, setzte eine neuerliche Welle von Städtegründungen ein. Zugleich verlagerte sich damit der Schwerpunkt der Besiedlung nun ins Erzgebirgsvorland, das bis dato noch fast ausschließlich von Slawen bewohnt war.

In der bereits unter Otto I. okkupierten Oberlausitz gestaltete sich der Vermischungs- und Assimilierungsprozeß zwischen den beiden Volksgruppen zum einen aufgrund der wesentlich geringeren Zahl deutscher Siedler und zum anderen durch die sich ständig verändernde politische Konstellation besonders schwierig. Nach dem Tode des Markgrafen Eckehard I. (1002) wurde die Lausitz von den zeitweise bis zur Mulde vordringenden Polen in Besitz genommen. Mit dem Frieden von Bautzen (1032) kam die Region wieder an die Mark Meißen. 1158 gelangt die Lausitz an Böhmen, und 1253 wurde sie an Brandenburg verpfändet. In Bautzen stellten die Sorben am Ende des Mittelalters noch fast die Hälfte der Bevölkerung. Bedeutende romanische Sakralbauten entstanden hier daher nur in Görlitz, das als Handels- und Tuchmachermetropole frühzeitig Bedeutung erlangte, sowie in Bautzen, fielen aber durchweg spätgotischen Umgestaltungen zum Opfer.

Sakralarchitektur

Standen den Baumeistern der Gotik mehrere verschiedene Kirchenbautypen zu Verfügung, so konnten diejenigen der Romanik im Grundsatz nur zwischen zwei Konstruktionsformen wählen. Während man repräsentative Großbauten unabhängig von ihrer Funktion fast ausnahmslos als Basiliken errichtete, wählte man für die Dorfkirchen sowie für die kleineren Stadtkirchen des frühen 12. Jahrhunderts (wie etwa St. Jakobi in Chemnitz oder St. Katharinen in Borna) die Saalform. Saalkirchen bestehen im Regelfall aus einem längsrechteckigen flachgedeckten Schiff, das im Osten in einen baulich durch einen bogenförmigen Einschnitt (Triumphbogen) abgesetzten Chorraum mündet, der mit einer halbrunden kuppelgewölbten Apsis schließt. Bei den Saalkirchen des späten 13. Jahrhunderts wie etwa in Kitzen-Hohenlohe oder Etzoldshain verzichtete man häufig auf die Apsis und fügte an deren Stelle in die nunmehr flache Chorwand einige, meist drei schmale Lanzettfenster ein.

Äußerlich sind im wesentlichen vier Grundformen romanischer Dorfkirchen zu unterscheiden. Neben der am häufigsten vertretenen turmlosen Form, die vor allem östlich der Elbe dominiert, findet man Kirchen mit querrechteckigem Westturmmassiv sowie solche, deren Turm sich am Choransatz oder über dem Chor befindet. Das häufig durch die massigen Türme geprägte festungsartige Erscheinungsbild vieler Dorfkirchen rührt daher, daß viele dieser Bauten tatsächlich auch fortifikatorische Funktion hatten und im Falle äußerer Bedrohung – anfangs durch revoltierende Wenden, später durch Raubritter – als letzte Zuflucht der Dorfbevölkerung dienten. Die Tatsache, daß manche Kirchen außerhalb der Dörfer auf exponierten Bergkuppen erbaut wurden und die Kirchhöfe zudem häufig von massiven Mauern umgeben sind, ist gleichfalls in diesem Zusammenhang zu sehen. Dorfkirchen wurden in Sachsen bis zum Ende des 13. Jahrhunderts in der beschriebenen Form errichtet. Auch die Predigträume der Folgezeit orientierten sich, wenngleich in den Detailformen dem jeweiligen Zeitgeschmack angepaßt, weitgehend an diesem Grundaufbau. Die Dorfkirchen der Romanik waren in noch stärkerem Maße von nachträglichen Veränderungen – Einwölbungen, Fensterdurchbrüchen, Einbau barocker Altäre und Emporen und ähnlichem – betroffen als die zeitgenössischen städtischen und monastischen Sakralbauten. Da sich die purifizierenden Restaurierungsarbeiten des 19. Jahrhunderts weitgehend auf Großbauten beschränkten, findet man nur noch wenige im Urzustand erhaltene Saalkirchen. Als vergleichsweise „stilreine" Vertreter dieser Gattung seien hier nur die Meißener Martinskirche sowie die Dorfkirchen in Etzoldshain, Altpenig, Döbeln, Ricknitz oder Kitzen-Hohenlohe genannt.

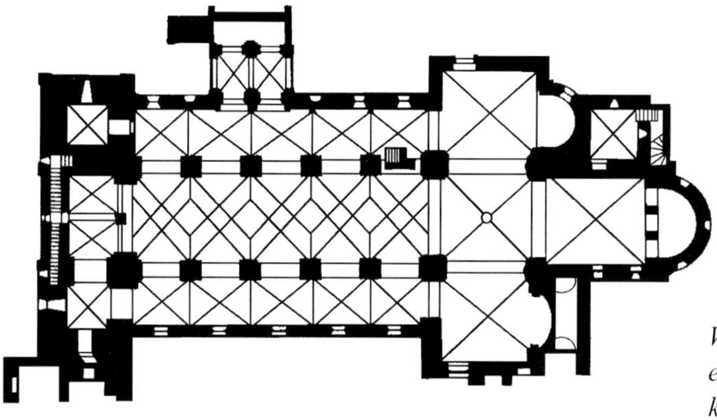

Wechselburg, ehemalige Stiftskirche

Die unter den Fundamenten des gotischen Meißener Doms ergrabene romanische Vorgängerkirche vertrat als erster bedeutender Sakralbau Sachsens bereits den Typus der kreuzförmigen Pfeilerbasilika. Sie leitete sich ab von einer zu diesem Zeitpunkt bereits jahrhundertealten Architekturform, die auf die römische Markthalle gleichen Namens zurückgeht und etwa seit ottonischer Zeit in Form des gebundenen System mit ausgeschiedener Vierung gebaut wurde. Der Erstlingsbau des Meißener Doms dürfte vermutlich weitgehend dem seit 955 errichteten – gleichfalls durch einen gotischen Nachfolger ersetzten – Magdeburger Dom geglichen haben, der für die erste Generation romanischer Basiliken während der deutschen Ostkolonisation stilbildend war. Ihr dreischiffiges Langhaus begann im Westen an einer breitgelagerten, möglicherweise doppeltürmigen Westfront und schloß im Osten mit dem Vierungsquadrat, das den Mittelpunkt des dreijochigen Querschiffes bildete. Un-

Bad Lausick, St. Kilian – Die ab 1105 errichtete St. Kilianskirche in Bad Lausick ist eine der ältesten erhaltenen Stadtpfarrkirchen in Sachsen. Der schlichte Bau zeigt die charakteristischen Merkmale romanischer Basiliken wie den durch das gebundene System geprägten Grundriß mit der ausgeschiedenen Vierung, der kuppelgewölbten Hauptapsis und den Nebenapsiden an den Querhausarmen.

ter dem wie bei den Saalkirchen in einer halbrunden Apsis kulminierenden längsrechteckigen Chor lag eine ebenso geformte Krypta. Auf den Seitenschiffostseiten befand sich je eine Nebenapsis, und der Winkel zwischen den Seitenschiffwestseiten und dem Langhaus war beiderseits mit einem Turm ausgefüllt. Mit Ausnahme der kuppelgewölbten Apsiden schloß der gesamte Bau vermutlich mit einer flachen Holzdecke.

Die somit grob umrissene Konstruktion, die sich auch bei den meisten zeitgenössischen Bauten des Altreichs wiederfindet, blieb in Sachsen bis zum Ende der Romanik im Kern verbindlich. Da die romanische Sakralarchitektur hinsichtlich der Einführung neuartiger Bauformen weniger dynamisch war als die gotische und die sächsischen Baumeister an den tradierten Prototypen festhielten, handelt es sich bei den davon abweichenden Bauten um Reduktionsformen, die wohl vorrangig aus Kostengründen gewählt wurden. Die

Nossen, Tor zum Klostergelände Altzella – Das Tor zum Gelände der im 16. Jh. abgebrochenen Klosteranlage von Altzella zählt zu den letzten baulichen Überbleibseln der aus dem 12. Jh. stammenden, einst bedeutendsten sächsischen Zisterzienserabtei. Das noch von der ursprünglichen Umfassungsmauer eingefaßte Gelände ist heute in einen reizvollen „englischen Landschaftspark" eingebettet.

erste Generation der im 12. Jh. entstandenen Basiliken wie die Bornaer Kunigundenkirche, die größtenteils spätgotisch umgestaltete Torgauer Marienkirche und der Vorgängerbau der Leipziger Thomaskirche weicht vor allem durch den Verzicht auf das Querschiff von dem beschriebenen Typus ab. Da die Seitenschiffe jeweils in halbrunden gewölbten Räumen enden, werden auch die Chöre dieser Bauten von Nebenapsiden flankiert. Eine nochmals vereinfachte Variante dieser Konstruktion ist die sogenannte Kurzbasilika. Diese Form wurde vor allem bei städtischen Pfarrkirchen wie der im 13. Jh. zum Dom erhobenen Wurzener Stiftskirche St. Marien oder der Geithainer Nikolaikirche bevorzugt. Krypten sucht man in diesen vergleichsweise schlichten Bauten vergeblich. Aus der Tatsache, daß die im frühen 12. Jh. erbaute St. Kilianskirche in Bad Lausick bereits über ein Querschiff und Nebenapsiden verfügte, wird ersichtlich, daß auch in romanischer Zeit bestimmte Bautypen keineswegs exklusiv für bestimmte Zwecke reserviert waren.

Die Kloster- und Stiftskirchen wurden in der vollentwickelten Basilikalform errichtet – ihre Krypten sind jedoch teilweise wie etwa in Wechselburg nachträglichen baulichen Umgestaltungen zum Opfer gefallen. Die mit Abstand größte sächsische Klosterkirche in Nossen (Altzella) ist nach der Säkularisation im 16. Jh. abgebrochen worden. Sie besaß mit ihrem fünfapsidialen Staffelchor den aufwendigsten Ostabschluß in der Region. Diese erstmals bei Cluny II. verwirklichte Konstruktion wurde vor allem von Bauten der sogenannten Hirsauer Reformbewegung übernommen und hier vermutlich über Thalbürgel und Paulinzella in Thüringen vermittelt. Bei den übrigen sächsischen Klosterkirchen wird der Chor nur von zwei Nebenapsiden flankiert. Wie bei den meisten Hirsauer Bauten waren auch in Altzella die beiden westlichen Langhausjoche als Laienkirche vom übrigen Kirchenschiff durch eine Zwischenwand abgetrennt.

Grimma, Liebfrauenkirche von Südwesten – Ungewöhnlich viele romanische Kirchen in Sachsen schließen im Westen mit einer Doppelturmfassade. Das eindrucksvolle Turmpaar der Grimmaer Liebfrauenkirche entstand bereits zu Beginn der Bauarbeiten um 1230. In den Lanzettfenstern und der Wölbung des Langhauses deutet sich die aufkommende Frühgotik an.

Wechselburg, Stiftskirche von Nordosten – Die ab 1168 erhaltene Wechselburger Stiftskirche repräsentiert äußerlich den Idealtyp einer hochromanischen mitteldeutschen Pfeilerbasilika. Der vollständig erhaltene Bau besteht im wesentlichen aus Bruchsteinmauerwerk. Zierrippen, Friese, Fenster-Portalgewände u. ä. sind aus Rochlitzer Porphyr geschlagen.

Lassen sich gotische Kirchen vornehmlich anhand ihrer Chorlösungen klassifizieren, so fällt das Augenmerk bei romanischen Sakralbauten angesichts der relativen Gleichartigkeit der Presbyterien verstärkt auf die Gestaltung der Westfassade. Der wehrhaft erscheinende „sächsische Westriegel“, wie man ihn etwa vom Havelberger Dom, der Gernröder Stiftskirche oder dem Mindener Dom herkennt, ist im heutigen Sachsen selten vertreten. Außer bei wenigen Großbauten wie der Görlitzer St. Peter-und-Pauls-Kirche oder der Pegauer Laurentiuskirche findet man ihn vor allem bei einigen Dorfkirchen wie St. Aegidien in Groitzsch, St. Johannes in Reichenbach oder den Kirchen in Greifenhain, Kulkwitz und Gatzen. Die Stadtkirchen in Sachsen besitzen statt dessen häufig wuchtige Doppelturmfassaden. Unter anderen der Wurzener Dom, die Geithainer Nikolaikirche, die Röthaer Georgenkirche, die Grimmaer Frauenkirche und die Plauener Johanneskirche schließen mit mächtigen Doppelturmfronten, und auch die erhaltenen romanischen Sockelgeschosse der Rochlitzer Kunigundenkirche dürften vormals zwei Türme getragen haben. Vom Urbau des Meißener Doms nimmt man an, daß er gleichfalls doppeltürmig schloß. Seine Westfront dürfte allerdings insofern, als die Türme wahrscheinlich – ähnlich denen der Halberstädter Liebfrauenkirche oder der Quedlinburger Servatiuskirche – aus einem breitgelagerten Unterbau erwuchsen, die Eigenschaften beider Lösungen in sich vereinigt haben. Die ursprünglichen Pyramidendächer der Türme wurden im letzten Jahrhundert meist durch steile Oktogonhelme ersetzt. Klosterkirchen wie die Kilianskirche in Bad Lausick oder die Zisterzienserkirche Altzella in Nossen wurden den Ordensregeln entsprechend turmlos gebaut.

Der Kirchenbau war bereits in romanischer Zeit häufig mehr von den wirtschaftlichen Möglichkeiten der Gemeinden als von Scholastik und Mystik bestimmt. Zwar wurde die Verpflichtung zur Askese von den anonymen Baumeistern der Romanik noch ernster genommen als von denen der folgenden Epoche, dennoch dienten selbstverständlich auch die „abweisenden Gottesburgen" der Romanik der Zurschaustellung von Reichtum und Macht. In besonderem Maße taten dies die Bauten der Reichskirche, die sogenannten Kaiserdome, die mehr noch als die Pfalzen und Burgen steingewordene Sinnbilder imperialer Macht darstellten. Da sich von den ursprünglich drei sächsischen Diözesen (Meißen, Naumburg, Merseburg) nur noch eine im heutigen Freistaat befindet und deren Kathedrale heute ein rein gotischer Bau ist, haben sich hier nur die durch sie inspirierten kleineren Basiliken erhalten. Die Wirkung dieser Bauten muß für die noch von heidnischen Vorstellungen geprägte Bevölkerung, da sie Vergleichbares nie zuvor erblickt hatte, noch einschüchternder gewesen sein, als die der gotischen Dome für spätere Generationen.

Das Erscheinungsbild der Innenräume romanischer Basiliken war von dem der Saalbauten auch insofern unterschieden, als sie ursprünglich stärker durch Chorschranken, Lettner und Altäre gegliedert waren. Da der größte Teil dieser Werke der Bilderstürmerei der Reformationszeit zum Opfer gefallen oder durch barocke Nachfolger ersetzt worden ist, läßt sich heute einzig in der Wechselburger Stiftskirche noch ein Eindruck von der vormaligen Raumwirkung dieser Bauten gewinnen. Der größte Teil der sächsischen Basiliken schließt mit hölzernen Flachdecken. Wenngleich sich seit dem späten 12. Jh. allmählich die Kreuzgratwölbung durchsetzte, wurden auch im 13. Jh. noch vereinzelt Bauten wie die Pegauer Nikolaikirche mit Flachdecken ausgestattet. Der bei den ottonischen und romanischen Bauten des Harzvorlands (Gernrode, Quedlinburg, Hildesheim, Hamersleben) als typisch „sächsisches" Merkmal verbreitete Stützenwechsel, eine rhythmische Abfolge von Säulen und Pfeilern, taucht bei den verbliebenen sächsischen Basiliken nicht auf. Statt dessen findet man allerorten quadratische Pfeiler. Bei einigen Basiliken, wie etwa der Wechselburger Stiftskirche, ist ein Stützenwechsel in Form alternierender Kapitellformen zumindest angedeutet.

Profanbauten

Die ersten unter deutscher Herrschaft errichteten Festungen wurden nach wendischer Tradition in Holzbauweise errichtet. Steinerne Burgen entstanden erst seit dem 12. Jh., etwa in Wurzen, Gnandstein oder Leisnig. Da diese

Wechselburg, Stiftskirche: Mittelschiff nach Osten – Mit Ausnahme des spätgotischen Netzgewölbes, befindet sich auch der Innenraum der Wechselburger Stiftskirche weitgehend noch im Originalzustand. Den Hauptblickfang bildet der um 1230 geschaffene einzigartige Lettner, der 1971-72 rekonstruiert werden konnte. Die Übereinstimmungen in Formensprache und handwerklicher Ausführung zeigen, daß zwischen den Wechselburger und Freiberger Bauhütten enge Verbindungen bestanden haben.

Höfchen, Burg Kriebstein: Burgkapelle – Die um 1200 entstandene Kapelle ist der einzige vollständig erhaltene romanische Raum der im 14.-16. Jh. neugestalteten Burg Kriebstein bei Höfchen und auch eine der letzten erhaltenen Burgkapellen aus dieser Zeit in Sachsen. Der etwa quadratische, von einer Mittelstütze getragene kreuzgratgewölbte Raum besitzt noch seine (1934 freigelegte) originale Ausmalung mit Darstellungen biblischer Szenen und Heiligenlegenden.

Frauenstein, Burgruine – Der aus grobem Bruchsteinmauerwerk errichtete wuchtige Nordturm – der sogenannte Dicke Merten – der im 12. Jh. entstandenen Burg Frauenstein war so massiv gebaut, daß er den fortifikatorischen Anforderungen bis zum Ende des Mittelalters genügte. Zur Ruine wurde die zusätzlich durch vorgelagerte Ringmauern gesicherte Anlage erst bei dem Stadtbrand von 1728.

jedoch, teils aus militärischer Notwendigkeit teils aus Repräsentationsbedürfnis weit stärker von Umbaumaßnahmen betroffen waren als die frühen Sakralbauten, haben sich aus dieser Epoche nur vereinzelt Bauteile wie z. B. die Türme von Schloß Rochlitz und Schloß Weesenstein oder die Kapelle von Burg Kriebstein erhalten. Von der Mehrzahl der Herrschaftssitze existieren nur noch Fundamente und Grundmauern, die in späterer Zeit als Basis für Neubauten verwendet wurden. Die Unterscheidung von alt und neu ist daher bei mittelalterlichen Burgen nicht immer leicht. Die umfangreichsten Reste einer spätromanischen Burganlage finden sich in Frauenstein. Die im 12. und 13. Jh. entstandene Anlage brannte 1683 aus, gewährt aber auch als Ruine noch Einblicke in die mittelalterliche Festungsarchitektur. Die sächsischen Burgen befinden sich überwiegend auf Bergkämmen oder -gipfeln meist in der Nähe von Flüssen oder Seen – Wasserburgen wie Schloß Machern oder Schloß Heynitz sind hier die Ausnahme. Da die Architekten funktionellen Zwängen zu folgen hatten und die Topographie flexible Lösungen erforderte, war das Erscheinungsbild mittelalterlicher Festungsbauten weniger einheitlich als das der Kirchen. Die romanischen Burgen waren, da sie mit Ringmauern, Palas, Bergfried und Wirtschaftgebäuden im wesentlichen die gleichen Architekturkomponenten enthielten wie später die gotischen, von diesen nicht grundsätzlich unterschieden. Wenn man, den Entwicklungen der Waffentechnik Rechnung tragend, das Mauerwerk meist verstärken mußte, konnte der bauliche Kern romanischer Anlagen von späteren Nutzern häufig in den Neubau übernommen werden. In Gnandstein ließ man sogar den alten Palas mit dem romanischen Rittersaal neben seinem gotischen Nachfolger stehen. Burg Frauenstein blieb, da die alten Teile – wie sich an den massiven Mauern etwa des Nordturms („Dicker Merten“) noch heute erkennen läßt – bis zum Ende des Mittelalters den fortifikatorischen Anforderungen genügten, bis zum Ende des Mittelalters ein weitgehend romanischer Bau. Wohnhäuser aus romanischer Zeit haben sich in Sachsen ebensowenig erhalten wie

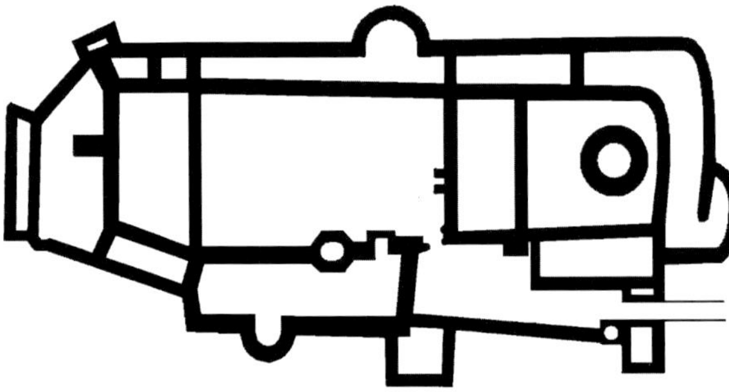

Burg Gnandstein

städtische Befestigungsanlagen, die, den Erfordernissen der Militärtechnik folgend, in gotischer Zeit oft durch Neubauten ersetzt wurden – und dann im 19. Jh. großenteils dem mit der industriellen Entwicklung in Sachsen explosionsartig einsetzenden Wachstum der Städte zum Opfer fielen.

Bauschmuck

Die nördliche Grenze des heutigen Landes Sachsen war zugleich der Übergangsbereich zwischen dem norddeutschen Backstein- und dem Hau- oder Werksteingebiet. Obgleich diese Trennlinie das ganze Mittelalter hindurch relativ scharf war, gibt es doch Regionen in denen sich die Materialien vermischen. Während in der südlichen Mark Brandenburg häufig hausteingefertigte Bauteile vor allem in den Schmuckpartien auftauchen, wurden etwa die Bornaer Kunigundenkirche und einige spätgotische Kirchen vor allem in der sächsischen Niederlausitz vollständig und andere, z. B. die Nossener Zisterzienserkirche oder die Pegauer Laurentiuskirche, zumindest teilweise aus Backstein errichtet.

Während Sachsen hinsichtlich der Zahl und der Größe seiner romanischen Sakralbauten allenfalls eine durchschnittliche Stellung unter den deutschen Kulturlandschaften einnimmt, ist die baukünstlerische Ausstattung ihrer Spätschöpfungen unübertroffen. Anders als bei den Gebäudeformen ist hier ein sukzessiver Übergang von der Spätromanik hin zur Gotik so organisch wie kaum irgendwo sonst in Mitteleuropa verwirklicht. Handelt es sich bei den Portalen des 12. Jahrhunderts, wie etwa bei den Westportalen der Bad Lausicker Kilianskirche oder der Geithainer Stadtkirche, noch um vergleichsweise schlichte Konstruktionen, so weisen die ungleich aufwendigeren Schöpfungen des frühen 13. Jahrhunderts wie die Portale des Klosters Altzella mit ihren vegetabilen Kapitellen oder das der Görlitzer Peter-und-Paulskirche, in deren kunstvoll modellierten, bereits spitzbogigen Archivolten man neben abstraktem Dekor realistische Darstellungen von Menschen und Tieren findet, bereits in die kommende Epoche. Den Höhepunkt romanischer Dekorationskunst repräsentiert die um 1230 geschaffene „Goldene Pforte“ des Freiberger Doms. Das flächendeckend mit Menschen-, Tier- und Pflanzendarstellungen sowie abstrakten Zierformen ausgestattete, ursprünglich farbig gefaßte Prunkportal ist in seiner Grunddisposition zwar noch ein romanisches Werk; die Behandlung und Anordnung der Plastiken zeigt aber, daß sein (seine?) Schöpfer mit den bereits im Entstehen begriffenen hochgotischen Kathedralen der Île de France, vor allem der Kathedrale von Reims, vertraut gewe-

Nossen, Pfarrkirche: Portal der Klosterkirche Altzella – Die beiden erhaltenen Portale der Klosterkirche von Altzella erschließen heute die Pfarrkirche im nahegelegenen Nossen und zeugen dort vom einstigen künstlerischen Reichtum des 1540 säkularisierten Klosters. Dieses reich profilierte und mit Schmuckfriesen und Blattwerkkapitellen verzierte ehemalige Hauptportal befindet sich an der Westfassade der ab 1565 errichteten Renaissancekirche.

Freiberg, Dom: „Goldene Pforte" – Die um 1230 entstandene „Goldene Pforte" des Freiberger Doms wurde nach dem Abbruch des durch einen Brand beschädigten romanischen Vorgängerbaus an die Südseite des, ab 1484 errichteten spätgotischen Neubaus, verlegt. Das aus Grillenburger Sandstein geschlagene und ursprünglich farbig gestaltete Prunkportal ist das prachtvollste seiner Art in Deutschland und eines der bedeutendsten plastischen Bildwerke der Romanik überhaupt.

Freiberg, Dom unserer lieben Frauen: rechtes Portalgewände der „Goldenen Pforte" – Die Detailansicht des rechten Portalgewändes zeigt den künstlerischen Einfallsreichtum und die für ihre Zeit beispiellose handwerkliche Materialbeherrschung der Freiberger Bauschule. Die lebensnah gestaltete Menschendarstellung (hier Johannes Ev., David, Bathseba und Aaron), die phantasievolle Maßwerkrahmung sowie die architektonische Gliederung lassen französische Einflüsse vermuten.

sen sein muß. Die thronende Maria im Zentrum des Tympanons wird in den Archivolten von mehr als dreißig Aposteln, Heiligen und Engeln eingerahmt. In den Gewänden befinden sich acht geringfügig unterlebensgroße Statuen. Die Qualität der Steinmetzarbeiten wird selbst im nüchternen Dehio als „antikisch fein" bewertet. Die Figuren besitzen individuelle Physiognomien, sind in Gewänder mit kunstvoll modelliertem Faltenwurf gekleidet und zeigen nichts mehr von der stereotypen Maskenhaftigkeit, die Menschendarstellungen in der christlichen Kunst bis dato meist anhaftete. Die einzigen mit der „Goldenen Pforte" vergleichbaren Kirchenportale, die die deutsche Romanik hervorgebracht hat, sind die etwa zur gleichen Zeit entstandene Gnadenpforte und das Fürstenportal des Bamberger Doms, die zusammen mit den Bildwerken im Kircheninneren den Gipfelpunkt der fränkischen Romanik darstellen. Ein weiteres der „Goldenen Pforte" vergleichbares Portal findet man am Himmelspfortkloster im mährischen Tischnowitz (Tisnov). Die Bamberger Portale stehen insofern, als sie in den Archivolten keinen figuralen Schmuck besitzen, noch mehr in der Tradition der deutschen Romanik. In Frankreich war es schon seit dem frühen 12. Jh. üblich, das bildnerische Programm über die gesamte Portalrahmung auszubreiten (Vezelay, Aulnay, Chartre u. a.). Das Freiberger Portal bildet eine Synthese beider Traditionen und bereitete damit eine gotische Dekorationskunst vor, die in Deutschland indes nie richtig Fuß fassen konnte.

Die Tatsache, daß die Portale in Görlitz, Nossen und Freiberg den Abbruch oder den Umbau der Kirchen, zu denen sie einst den Zutritt ermöglichten, überlebten, zeigt, daß sich auch die Baumeister der Spätgotik des Wertes dieser Kunstwerke bewußt waren.

Etwa zeitgleich mit der „Goldenen Pforte“ entstand auch das zweite große Wunderwerk der sächsischen Spätromanik: der Lettner und die Triumphkreuzgruppe in der Wechselburger Stiftskirche. Er ist der einzige im heutigen Freistaat Sachsen bestehende romanische Lettner und verdankt seine Existenz einer bemerkenswerten Leistung der DDR-Denkmalpflege. Wie fast alle Lettner wurde er zwar in nachmittelalterlicher Zeit (1683) abgebrochen – seine Einzelteile blieben jedoch glücklicherweise größtenteils erhalten und fanden anderenorts in der Kirche Aufstellung. Sein Aufbau konnte ebenso wie das ikonographische Programm an dem durch Grabungen erwiesenen ursprünglichen Standort nahezu authentisch rekonstruiert werden. Das Ganze ist eine zweigeschossige Schauwand mit rundbogigen Öffnungen, die teils als Durchgänge, teils als Nischen für die im Untergeschoß etwa lebensgroßen, im Obergeschoß wenig unterlebensgroßen Figuren fungieren. Der vor der mittleren Öffnung plazierte Kreuzaltar wird von der zum Ziborium ausgebildeten Kanzel überdacht, die über das obere Geschoß zugänglich ist. Der Lettner wird von einem reich mit Blattwerk verzierten kleeblattförmigen Bogen bekrönt, der die Triumphkreuzgruppe trägt. Die Figurenzusammenstellung wird als Darstellung des Jüngsten Gerichts gedeutet (Deesis). Im kreisförmigen Zentrum über dem Altar erkennt man Christus als Weltenrichter. Daneben befinden sich Maria und Johannes der Täufer. Die Skulpturen in den oberen Lettnernischen stellen Daniel, David, Salomo und vermutlich Jesaias dar. Der Altar wird flankiert von Abraham und Melchisedek. Auch der Wechselburger Lettner war ursprünglich mit kräftigen Farben bemalt und reich mit Blattgold beschlagen. Die Qualität der Steinmetzarbeiten ist denen an der Freiberger „Goldenen Pforte“ ebenbürtig und zeigt auch unverkennbar eine analoge Handschrift.

Im mitteldeutschen Raum sind sonst nur die teilweise in der polychromen Originalfassung erhaltenen Chorschranken der Halberstädter Liebfrauenkir-

Wechselburg, Stiftskirche: Triumphkreuzgruppe – Die aus Eichenholz geschnitzte Kreuzgruppe über dem Wechselburger Lettner ist die künstlerisch bedeutendste und auch ausdrucksstärkste ihrer Epoche in Deutschland. Zusammen mit den etwa zeitgleich entstandenen Triumphkreuzen in Freiberg und Halberstadt (Sachsen-Anhalt) wurde hier erstmals der Typus des „Dreinagelkreuzes“ verwirklicht.

che vergleichbar. Angesichts der Übereinstimmungen sowie der etwa zeitgleichen Fertigstellung dieser Werke geht man davon aus, daß zwischen den Bauhütten enge Verbindungen bestanden. Entsprechende Schlußfolgerungen sind auch aufgrund der Gemeinsamkeiten zwischen den aus Eichenholz gefertigten Triumphkreuzgruppen beider Kirchen naheliegend. Beide gleichen sich nicht nur in der Anordnung der Figuren, sie zeigen auch eine ähnlich realistische Formensprache, die mit der schematischen Darstellungsweise der vorausgegangenen Epoche nichts mehr gemein hat. Der Gekreuzigte wird jeweils zu seiner Rechten von Maria und zu seiner Linken von Johannes dem Täufer flankiert, die in Wechselburg auf den kauernden Gestalten der heiligen drei Könige als Symbole des Heiden- und Judentums stehen. Ihr Schöpfer verstand es, den Figuren Leben einzuhauchen, sie ohne pathetische Übertreibung mit menschlichen Zügen auszustatten, denen der Schmerz und die Trauer anzusehen sind. Der ursprüngliche Eindruck der Figurenensembles läßt sich, da die Bemalung hier gleichfalls verlorengegangen ist, nur noch erahnen. Ein weiteres sehr ähnliches Triumphkreuz findet man in der Liebfrauenkirche in Halberstadt. Diese drei Kreuzigungsszenen waren auch insofern von entscheidender Bedeutung bei der Überleitung von der romanischen zur goti-

Pegau, Laurentiuskirche: Grabmal des Wiprecht von Groitzsch – Das Grabmal in der Seitenkapelle der Laurentiuskirche zeigt die gleiche realistische Auffassungsweise wie die Werke der Wechselburger und Freiberger Bauhütten. Die um 1230 entstandene Skulptur befand sich ursprünglich in der abgebrochenen Pegauer Klosterkirche. Eine Besonderheit sind die eingearbeiteten Glasperlen und Edelsteine. Die farbige Bemalung stammt von 1869 und ist der originalen Fassung nachempfunden.

schen Bildhauerei, als es sich bei ihnen um die ersten sogenannten Dreinagelkreuze in Deutschland handelt – die ersten Darstellungen also, bei denen der Heiland mit nur drei Nägeln ans Kreuz geschlagen ist. Diese noch drastischere Darstellungsweise des Martertodes wurde mit dem Auftreten der Gotik zur ausschließlichen Variante in der christlichen Kunst.

Einen Eindruck von der Wirkung farbig gefaßter spätromanischer Statuen läßt sich in Sachsen heute nur noch in der Pegauer Laurentiuskirche gewinnen. Bei dem dort befindlichen Grabmal des Wiprecht von Groitzsch, dem einzigen Relikt der abgebrochenen Pegauer Benediktinerkirche, ist der Farbüberzug im Zuge der Restaurierungsarbeiten 1869 wiederhergestellt worden. Die in die Zeit zwischen 1230 und 1240 datierte, ursprünglich aufrechtstehende Grabplatte wird gleichfalls dem Umkreis der Freiberger und Wechselburger Werkstätten zugeordnet.

Obwohl man annimmt, daß der Weg des Naumburger Meisters von Frankreich (Amiens?) über Metz und Mainz nach Sachsen geführt hat, und die Umstände, die ihn bewogen, sich hier niederzulassen, im dunklen liegen, zeigen diese Beispiele, daß er hier auf Voraussetzungen traf, wie sie (abgesehen vom fränkischen Raum) in Deutschland am Ende der romanischen Epoche einzigartig waren. Die Bildwerke der Freiberger, Wechselburger und Halberstädter Bauschulen waren die künstlerische Voraussetzung für die Skulpturen des Naumburger Doms, mit denen die Gotik in Deutschland ihren Einzug hielt. Sie zeigen darüber hinaus, daß, obschon die deutschen Baumeister dieser Epoche noch fast ein Jahrhundert nach dem Baubeginn des Chors von St. Denis an den Formen der Romanik festhielten, die deutsche Kunst dennoch den Anschluß an die europäische Entwicklung nicht verloren hatte. Die sächsischen Steinmetzarbeiten des frühen 13. Jahrhunderts sind denen der zur gleichen Zeit entstandenen gotischen Kathedralen in Frankreich zumindest ebenbürtig.

ENTWICKLUNG UND BLÜTE DER GOTIK

Geschichte

Die Tatsache, daß in Sachsen die Epoche der hohen Gotik – gemessen an der Zahl der errichteten Bauten – der am wenigsten produktive Zeitabschnitt des Mittelalters war, hat verschiedene wirtschaftliche und politische Ursachen. Eine entscheidende Rolle spielte die Erschöpfung der Ressourcen an fruchtbarem Ackerland durch die rasche Zunahme der Bevölkerung. Das damit einhergehende Ende der ersten Städtegründungsphase hatte naturgemäß ein Nachlassen des Bedarfs an neuen Predigträumen zur Folge. Noch ausschlaggebender war die Tatsache, daß sich der wesentlich dem erzgebirgischen Silbererz zu verdankende Wohlstand nach dem Versiegen vor allem der Freiberger Minen nicht mehr aufrechterhalten ließ. Gleichzeitig machte sich auch in Sachsen zunehmend die durch Raubrittertum und Landflucht gekennzeichnete sogenannte spätmittelalterliche Agrarkrise bemerkbar, die teilweise zur Verödung ganzer Landstriche führte. Ein Übriges zur Verschlechterung der Lage tat die wie überall in Deutschland um die Mitte des 14. Jahrhunderts hereinbrechende Pest. Sie dezimierte zwar die Bevölkerungszahl beträchtlich, sorgte aber, da der auf den ertragreicheren Böden lebende und daher widerstandsfähigere Teil der Landbevölkerung von ihr weniger stark betroffen wurde, langfristig eher für eine Stabilisierung der Verhältnisse. Ein weiterer Grund für die geringe Zahl hochgotischer Kirchenbauten lag in der vergleichsweise weiterhin eher unbedeutenden monastischen Missionstätigkeit. Während der Kirchenbau dieser Epoche etwa in Thüringen oder der Mark Brandenburg wesentlich von den Bettelorden getragen wurde, spiegelte sich der Umstand, daß diese in der Markgrafschaft Meißen eine eher untergeordnete Rolle spielten, auch in einer geringeren Bautätigkeit nieder. Konnte der wettinische Herrschaftsbereich während der von 1221-88 andauernden Regierungszeit des Markgrafen Heinrich des Erlauchten 1243 noch um das Pleißener Land und 1247 um die Landgrafschaft Thüringen erweitert werden, war das ausklingende 13. und der Beginn des 14. Jahrhunderts auch durch politische Krisen geprägt. Die deutschen Könige Adolf von Nassau (1290-98) und Albrecht I. von Habsburg (1298-1308) bemühten sich zwar erfolglos, die sächsisch-thüringischen Ländereien ihrer Hausmacht einzugliedern, ihre Begehrlichkeit führte jedoch zu einer lähmenden, latenten Bedrohung. Markgraf Friedrich („der Freidige") war schließlich in der Schlacht bei Lucka (1307) gegen die Reichstruppen siegreich. Unter Karl IV. kam die Lausitz 1370 an Böhmen.

Sakralarchitektur

Der frühgotische Transitionsstil läßt sich in Sachsen außer an den seit dem letzten Drittel des 13. Jahrhunderts überwiegend mit Gewölben und spitzbogigen Fenstern ausgestatteten Dorfkirchen auch an einigen größeren Bauten studieren. Besonders hervorzuheben sind in dem Zusammenhang die Franziskanerkirche (Petri-Pauli-Kirche) und die Frauenkirche in Zittau. Vor allem der

Zittau, Petri-Pauli-Kirche: Gesamtansicht von Südwesten – Obgleich erst im letzten Drittel des 13. Jahrhunderts entstanden, zählt der Chor der Zittauer Petri-Pauli-Kirche noch zu den Bauten des Transitionsstiles zwischen Spätromanik und Frühgotik. Charakteristisch sind die ungegliederten Lanzettfenster. Das Langhaus entstand erst im 15. Jh.

gut erhaltene, um 1260 entstandene Chor der letzteren mit seinen noch rundbogigen, ungegliederten Lanzettfenstern, den weit ausladenden, vergleichsweise archaischen Kapitellen und den kräftigen Gewölberippen, ist eine typische Schöpfung dieser Übergangsepoche.

Ungeachtet der schwierigen wirtschaftlichen Situation begann die Epoche in Sachsen mit der Errichtung eines Baus, der in vielfacher Hinsicht zum Schlüsselwerk der deutschen Hochgotik wurde. Der ab 1266 erbaute, in majestätischer Lage gemeinsam mit der Burg auf steilem Fels über der Elbe gelegene Meißener Dom ist der räumlich bedeutendste mittelalterliche Sakralbau des Landes. Er stellt eine entscheidende Weichenstellung für die Baukunst der Region dar: zum einen, weil mit ihm die Formensprache der hochgotischen französischen Kathedralen eingeführt wurde und zum anderen durch die Hallenform seines Langhauses. So stringent seine Architektur dem heutigen Besucher auch erscheinen mag, ist sie doch das Ergebnis mehrfacher, während der Bauarbeiten vorgenommener Planänderungen. So war der in einem 5/8-Polygon kulminierende, vermutlich zur Gänze im 13. Jh. errichtete Saalchor ursprünglich als Ostabschluß für eine Basilika gedacht. Das um 1400 entstandene Prunkportal zwischen den seit 1315 erbauten Westtürmen

Meißen, Dom: Mittelschiff nach Osten – Der seit 1266 errichtete Meißener Dom ist einer der bedeutendsten hochgotischen Sakralbauten in Deutschland. Obgleich das Langhaus ab 1290 als Halle mit gleichhohen Schiffen errichtet wurde, ist die hierarchische Dominanz des Mittelschiffs hier noch gewahrt. Die kräftigen reich profilierten Bündelpfeiler bilden in der Hauptansicht einen undurchdringlichen optischen Paravent, der den Blick unwillkürlich zu dem prachtvollen Lettner und zum Chor zieht.

Meißen, Dom: Kaiserin Adelheid und Kaiser Otto I. – Die beiden um 1260 entstandenen Skulpturen an der Nordseite des Chors zeigen die virtuos naturalistische Formensprache der Naumburger Werkstatt.

wurde durch die ab 1423 erfolgte Anfügung der Fürstenkapelle erst nachträglich zum Innenportal. Die ursprünglich basilikale Konzeption ist im westlichen Langhausjoch heute noch erkennbar. Das zweite Turmgeschoß entstand erst 1471-81 unter der Leitung Arnolds von Westfalen. Das daran angelehnte Fassadenobergeschoß sowie die Turmhelme wurden 1909 vollendet.

Die Grundrißdisposition ist wie bei vielen hochgotischen Bauten noch durch das gebundene System der Romanik beeinflußt. Die Außenjoche des einschiffigen Querhauses sind ebenso wie das von einem sechsteiligen Gewölbe überfangene erste Chorjoch in den Dimensionen des von ihnen eingerahmten Vierungsquadrates gehalten, und auch die schmalen, queroblongen Langhausmittelschiffjoche sind jeweils halbierte Quadrate mit exakt doppelter Seitenschiffbreite.

Der Meißener Dom ist hinsichtlich der Formensprache seiner Ornamentik ein geradezu idealtypischer hochgotischer Bau. Der Innenraum ist von einem einheitlichen Kreuzrippengewölbe überspannt, das von kräftigen, im Kern oktogonalen Bündelpfeilern mit schönen Blattwerkkapitellen getragen wird. Der scholastische Grundsatz, demzufolge jedes Teil die Struktur des Ganzen widerzuspiegeln habe, findet seinen architektonischen Ausdruck in den Profilierungen der Pfeiler, deren Dienste und Laibungen in den Rippen des Gewölbes und der Arkatur fortgesetzt werden und die somit en miniature den umgebenden Raumzusammenhang abbilden (Panofsky). Das Mittelschiff ist trotz seiner nur mäßigen Steilheit (das Verhältnis von Höhe zu Breite beträgt etwa 2,3:1) und der kaum als schlank zu bezeichnenden Pfeiler und Rippen völlig zur Vertikalen hin ausgerichtet. Als einziges die Horizontale betonendes Gliederungselement verstellt der reich mit Steinmetzarbeiten ausgestattete Lettner den Blick in den Chor. Die Wände sind anders als bei der ersten großen gotischen Hallenkirche in Deutschland, der Marburger Elisabethkirche, nur eingeschossig gegliedert, und die Fenster besitzen schönes, wenngleich etwas schematisches Maßwerk. Eine nur unzureichend gedeutete Besonderheit ist der doppelgeschossige, von innen nicht zugängliche Chorumgang.

Trotz aller Weiterentwicklung in den Details ist die Raumwirkung noch die gleiche wie in Marburg. Das vorwiegend in der ersten Hälfte des 14. Jahrhunderts entstandene Langhaus des Meißener Dom ist ein klassisches Gegenbeispiel zur These, daß die Hallenform a priori zu einer Vereinheitlichung des Kirchenraumes führe. Ebenso wie in Marburg verhindern die breiten, in dichter Folge gesetzten Stützen noch den freien Durchblick in die Seitenschiffe. Die Aufmerksamkeit des Besuchers, der den Raum durch das Mittelportal betritt, wird durch die Pfeilerflucht unwillkürlich zum Sanktuarium gelenkt. Von einer Aufhebung der Dominanz des Mittelschiffs im Sinne der spätgotischen Hallen, kann nicht die Rede sein.

Was mit den Skulpturen der Freiberger und Wechselburger Bauschulen begonnen und in Naumburg zur Vollendung geführt worden war, wurde im Meißener Dom ins hochgotische übersetzt. Bei den von der Naumburger Bauhütte geschaffenen Statuen im Chor und in der Portalvorhalle handelt es sich bei aller Einbindung in den Kontext der umgebenden Architektur um autonome Kunstwerke. Ihre kunsthandwerkliche Ausführung ist den Werken der klassischen Antike, deren Studium ebenso wie das der Natur zweifellos vorausgesetzt werden kann, ebenbürtig. Aus der Zeit um 1260 haben sich im Chor auf der Nordseite Kaiser Otto I. und Kaiserin Adelheid sowie auf der

Meißen, Dom St. Johannes und St. Donati

Wurzen, Dom: Gesamtansicht von Südwesten – Die mächtige doppelchörige Anlage geht im Kern auf eine romanische Basilika von 1114 zurück, von der auch die unteren Geschosse der Türme stammen. Das Langhaus wurde in der zweiten Hälfte des 13. Jahrhunderts neugestaltet und erweitert. Die beiden Chorpolygone wurden zu Beginn des 16. Jahrhunderts angefügt.

Wurzen, Dom: Mittelschiff nach Osten – Das zwischen 1260 und 1280 entstandene, schlichte Langhaus zeigt die Formensprache der Hochgotik. Die Rippen besitzen schöne Blattwerkkapitelle in der Kämpferzone. Das klassische Kreuzrippengewölbe entstand um die Mitte des 14. Jahrhunderts.

Südseite Johannes der Evangelist und Donatus erhalten. Die beiden letzteren sind auch die Titelheiligen des Doms. In der achteckigen Johanneskapelle am südlichen Querhausansatz sind Maria mit dem Kinde, Johannes der Täufer und ein Diakon untergebracht. Die ursprünglich für das Westportal geschaffenen und noch mit der originalen Bemalung versehenen Figuren sind mit durchschnittlich 2,10 m Höhe größer als die Naumburger Skulpturen und unterscheiden sich von diesen auch durch eine lebhaftere Körper- und Gebärdensprache.

Der Meißener Dom zeichnet sich durch eine makellose handwerkliche Ausführung fast aller Bauteile aus. An Planung und Ausführung dieses Prestigebaus waren ausschließlich Künstler und Handwerker ersten Ranges beteiligt. Vom Grundriß, der jeglicher Asymmetrien entbehrt, bis hin zu den bauplastischen Details – den Pfeilerprofilen, dem Lettner, den vegetabilen Kämpferkapitellen und den gleichfalls aus Blattwerk gebildeten Schlußsteinen – findet man kaum ein Detail, das nicht mit größtmöglicher Präzision ausgeführt ist und stilistisch auf der Höhe der Zeit steht. Dennoch blieb der Bau in Sachsen bautechnisch und stilistisch letztlich ein Unikat.

Obgleich er die Formensprache der hochgotischen Kathedralen adaptiert, blieb deren architektonisches Gliederungssystem doch weitgehend ohne Einfluß auf seinen Baukörper. Den Typus der in der Île de France entwickelten Basilika, den man in Sachsen-Anhalt – wenn auch in reduzierter Form – in Halberstadt und Magdeburg findet, sucht man im heutigen Freistaat Sachsen vergebens. Seit dem Auftreten der Gotik wurden hier fast ausschließlich Saalchöre erbaut. Einige wenige Umgangschöre entstanden erst in spätgotischer Zeit unter dem Einfluß der süddeutschen und der märkischen Stadtkirchen. Die Langhäuser wurden in der Regel in der Hallenform errichtet.

Klöster

Wie in den meisten deutschen Ländern wurde auch in Sachsen der Sakralbau im ausklingenden 13. Jh. in der Hauptsache weiterhin von den Klöstern betrieben. Die nun in kurzer Folge fast überall entstehenden, häufig scheinbar unspektakulären Abteikirchen prägten die Architekturentwicklung weit nachhaltiger als die wenigen Dome der Reichskirche, die stilistisch zumeist Einzelstücke blieben, wenn sie sich nicht sogar ihrerseits an den von den Kloster- und Pfarrkirchen bestimmten Standards orientierten.

Mit dem Aufkommen der Gotik trat neben die bis dahin bekannten und weiterhin aktiven Orden eine Reihe neuartiger monastischer Glaubens- und Lebensgemeinschaften. Entscheidenden Einfluß auf die Entwicklung der deutschen Gotik gewannen vor allem die unter dem Oberbegriff „Bettelorden" zusammengefaßten Franziskaner und Dominikaner. Die Architektur ihrer „schmuckfeindlichen", „reduktionsgotischen" Kirchen und Klöster stellte einen bewußten Gegenentwurf zur üppigen Formenvielfalt der französischen Rayonnant-Gotik dar und wirkte auch in Sachsen in vielerlei Hinsicht noch bis in die Spätgotik nach. Charakteristische Elemente dieser als Basiliken (Erfurt, Regensburg, Köln u. a.), als Hallen (Colmar, Gebweiler, Brandenburg, Prenzlau u. a.) oder auch als Säle errichteten Bauten sind der Verzicht auf ein Querschiff, die langestreckten umgangslosen Saalchöre, die häufig oktogonalen oder runden Querschnitte der Stützen sowie die allgemeine Reduktion der baukünstlerischen Ausstattung, die bei vielen Bauten soweit ging, daß man die Wölbung wieder durch eine hölzerne Balkendecke ersetzte.

Obschon sich an vielen sächsischen Kirchen des 13. und 14. Jahrhunderts Elemente der Bettelordensarchitektur finden, hat sich gleichwohl in der Region, anders als etwa in Thüringen (Erfurter Prediger- Barfüßerkirche u. v .a.) oder der Mark Brandenburg (Berliner Franziskanerkirche, Neuruppiner Dominikanerkirche u. v. a.), kein einziger voll entwickelter Bau dieses Genres erhalten. Die schon erwähnte Zittauer Franziskanerkirche ist insofern, als ihre in der zweiten Hälfte des 13. Jahrhunderts entstandenen Teile – die zweigeschossige Sakristei sowie der 1293 vollendete platt schließende Chor – noch im frühgotischen Übergangsstil erbaut sind und das dreischiffige Hallenlanghaus erst im 15. Jh. angefügt wurde, stilistisch nicht mit den gotischen Prototypen zu vergleichen. Die einzige vollständig im frühen 14. Jh. erbaute sächsische Bettelordenskirche ist die Pirnaer Dominikanerkirche. Ihre Formensprache zeigt zwar in Details wie den schlanken Achteckpfeilern ohne Kapitelle, den ungegliederten Wandflächen und dem Kreuzrippengewölbe, die seit dem Ende des 14. Jahrhunderts die ursprüngliche Holzdecke ersetzten, Elemente der Bettelordensarchitektur. Seine Zweischiffigkeit jedoch weist den sechsjochigen Bau, dessen Saalchor bereits nach der Säkularisation (1542) abgebrochen wurde, als Sonderform aus. Obwohl die Görlitzer Franziskanerkirche mit ihrem Saalchor und dem dreischiffigen Langhaus in der Grundform eher den Erwartungen entspricht, die man an einen solchen Bau stellt, ist der 7/12-Schluß seines 1371 begonnenen Chores zumindest ungewöhnlich für das Architekturgenre – die Sanktuarien fast aller Bettelordenskirchen schließen in fünf Seiten des Achtecks – und das netzgewölbte Langhaus entstand erst um die Wende vom 15. zum 16. Jh. Manche Bettelordenskirchen wie die Freiberger oder die Bautzener Franziskanerkirche existieren seit ihrer Säkularisierung im 16. Jh. nur noch als Ruinen, andere wie die Kamenzer Fran-

Pirna, Dominikanerkirche – Die zu Beginn des 14. Jahrhunderts errichtete Pirnaer Dominikanerkirche ist eine der wenigen erhaltenen hochgotischen Bettelordenskirchen in Sachsen. Der Saalchor, der den bewußt schmucklos gehaltenen zweischiffigen Bau ursprünglich im Osten abschloß, wurde 1542 abgebrochen und durch eine flache Stirnwand ersetzt.

Panschwitz-Kuckau, Klosterkirche: Innenraum nach Osten – Die hochgotische Kirche des im Jahre 1248 gegründeten Klosters von Panschwitz-Kuckau entstand vermutlich in den 60er Jahren des 13. Jahrhunderts. Wie bei manchen Bauten im nordöstlichen Sachsen wurden die tragenden Wände und die oktogonalen Pfeiler aus Backstein gemauert. Der Raumeindruck wird bestimmt durch den Farbkontrast zwischen den weißgetünchten Wandflächen, den rot übermalten Pfeilern, Arkaden, Gurten und Rippen sowie den unbemalten Bruchsteinpartien.

Meißen, St. Afra: Mittelschiff nach Osten – Das Erscheinungsbild der ehemaligen Augustiner-Chorherren-Stiftskirche ist durch die Architektur der Bettelordensgotik geprägt. Die ab 1284 errichtete Basilika erhielt ihre Kreuzrippenwölbung erst gegen Ende des 14. Jahrhunderts. Das Maßwerkfenster hinter dem Hauptaltar des flach(chorlos)schließenden Baus ist fast der einzige Bauschmuck. Selbst die Kapitelle in der Kämpferzone sind nur stellenweise als Verstärkungen der Dienste angedeutet.

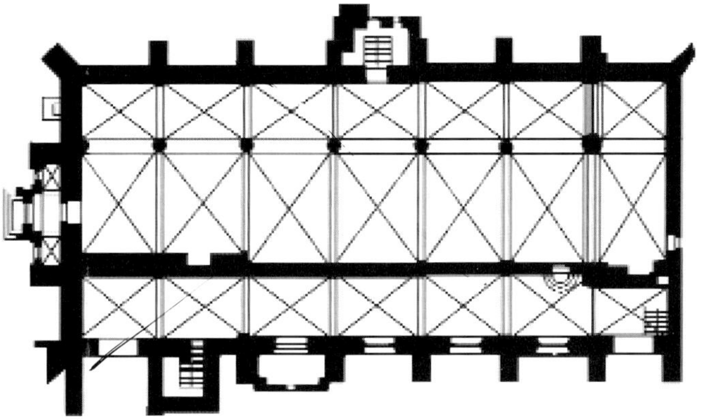

Panschwitz-Kuckau, Zisterzienser-Nonnenkloster

ziskanerkirche oder das Langhaus der Görlitzer Franziskanerkirche wurden erst in spätgotischer Zeit errichtet bzw. umfassend verändert.

Auch die sogenannten Reformorden traten im 13. und 14. Jh. – wie schon während der Romanik – als Bauherren in Sachsen vergleichsweise wenig in Erscheinung. Gleichwohl entstanden in Ostritz und Panschwitz-Kuckau zwei bedeutende Zisterzienser-Nonnenklöster. Von ihnen konnte zumindest das in der zweiten Hälfte des 13. Jahrhunderts entstandene Kloster in Panschwitz-Kuckau sein mittelalterlichen Erscheinungsbild weitgehend bewahren. Hinter der eindrucksvollen Barockfassade von 1720/21 befindet sich eine siebenjochige, gerade geschlossene, kreuzrippengewölbte Backsteinhalle. Die zum Kreuzgang hin geöffnete untere Hälfte ihres südlichen Seitenschiffes ist vom übrigen Kirchenraum durch eine Zwischenwand abgetrennt. Hinter ihr ist auch ein Laufgang verborgen, der zu der über den westlichen Mittelschiffjochen gelegenen Nonnenempore führt. Wie bei vielen Backsteinbauten im Grenzbereich zwischen Sachsen und Brandenburg verwendete man vor allem für die Maßwerkfenster bereits Werksteinsegmente. Da der Bauschmuck der Klosterkirche, von den Fenstern abgesehen, auf ein Minimum reduziert ist, ist sie stilistisch eher durch die Architektur der Bettelorden als durch die der vergleichsweise prachtvollen Zisterzienserkirchen des norddeutschen Backsteingebiets, wie man sie in Chorin, Bad Doberan oder Pelplin findet, beeinflußt. Auch ihre ungegliederten Oktogonpfeiler sind ein typisches Element mancher süddeutscher Dominikaner- und Franziskanerkirchen, das in die Sakralarchitektur des norddeutschen Backsteingebiets erst um die Mitte des 14. Jahrhunderts Eingang fand. Außer der Kirche haben sich vom Panschwitzer Kloster u. a. auch der Kreuzgang, die Kreuzkapelle und der Kapitelsaal erhalten.

Während die Dominikaner und die Franziskaner wie auch die Zisterzienser in Sachsen in gotischer Zeit nicht in dem Maße hervortraten, wie sie es in den meisten Nachbarregionen taten, wurden hier – wie schon während der vorausgegangenen Epoche – einige bedeutende Bauten von Orden errichtet, die in den angrenzenden Gebieten nicht oder kaum vertreten waren. Bedeutende Beispiele dafür sind die Kirchen der Augustiner-Chorherren St. Afra in Meißen und St. Thomas in Leipzig sowie das Cölestinerkloster in Oybin. Bei der im wesentlichen zu Beginn des 14. Jahrhunderts entstandenen Meißener Kirche St. Afra handelt es sich zugleich um die einzige größere gotische Basilika Sachsens. Ihr ungewöhnlich schlichter Bau ist jedoch weniger durch kathedralgotische Vorbilder als vielmehr durch die sogenannte Bettelordensgotik geprägt und weist stilistisch keinerlei Verwandtschaft mit dem nur etwa 500 Meter entfernten Dom auf. Die Affinität zu den verwandten Franziskanern zeigt sich auch in den nicht profilierten Oberflächen der rechteckigen Pfeilern, den grob aufgemauerten Diensten, den kahlen Wandflächen sowie den ungegliederten Arkadenlaibungen. Der im Osten platt schließende Bau präsentierte sich ursprünglich, da er anstelle seines heutigen Gewölbes aus dem 15. Jh. vormals eine flache Holzdecke besaß, noch schmuckloser als heute. Die durch die Quaderimitation der Pfeiler, Gurte und Rippen, die die Schlußsteine rahmenden vegetabilen Formenspiele sowie die weißen Wandflächen und Gewölbekappen gekennzeichnete heutige Ausmalung der Kirche ist wohl erst um 1470, also vermutlich zusammen mit der Langhauswölbung, entstanden (Magirius).

Ein Bau ganz anderer Provenienz ist die nur als Ruine erhaltene Klosterkirche in Oybin. In unmittelbarer Nachbarschaft zu einer ab 1316 errichteten Burg erbauten die Cölestiner, ein den Benediktinern verwandter Orden, von 1368-84 auf dem Berg Oybin unweit des gleichnamigen Ortes eine Kirche, die sich künstlerisch von der sonst überwiegend eher schmuckfeindlichen zeitgenössischen Sakralarchitektur Sachsens deutlich abhob. Der an einen felsigen Steilhang gebaute einschiffige Bau besteht aus einem dreijochigen Langhaus und einem mit einem 5/8-Polygon schließenden zweijochigen Chor. Während die Südwand direkt aus dem Fels herauswächst, mußte zur Stützung der Nordseite eine zweigeschossige Galerie angebaut werden, deren unter dem Fußbodenniveau des Kirchenschiffs befindliches Untergeschoß als Kreuzgang und deren Obergeschoß als Chorrandkapelle diente. Man nimmt an, daß der heute offen stehende Bau ursprünglich eine Kreuzrippenwölbung besaß. Da die Abtei bereits seit 1346 der böhmischen Krone – also Karl IV. – unterstand, ist sie stilistisch auch weniger der sächsischen als der böhmischen und mithin der Architektur Peter Parlers und seiner Schule verpflichtet. Dies zeigt sich sowohl an der schlanken Proportionierung des Kirchenschiffs als auch an den Formen seines erhaltenen Maßwerks und konnte anhand einiger

Oybin, Ruine der Klosterkirche von Westen – Das einst prachtvolle, in großartiger landschaftlicher Lage im Auftrag Karls IV. von der Prager Dombauhütte in den Jahren 1365-84 erbaute Cölestinerkloster wurde nach einem Brand und einem Bergsturz 1681 aufgegeben. Die romantischen Ruinen auf einem schroffen Felsen oberhalb des Kurortes Oybin haben im 19. Jh. u. a. Caspar David Friedrich inspiriert.

Leipzig, St. Thomas: Choransicht – Der in fünf Seiten des Achtecks schließende, 1355 geweihte Saalchor ist ein typisches Beispiel für die Architektur hochgotischer sächsischer Stadtpfarrkirchen. Der schlichte kreuzrippengewölbte Raum steht noch unter dem Einfluß der Bettelordensgotik. Im Vordergrund befindet sich das Grabmal Johann Sebastian Bachs.

am Prager Dom ebenfalls auftretender Steinmetzzeichen direkt bewiesen werden. So bedauerlich es ist, daß die Oybiner Kirche durch einen Brand (1577), einen Bergsturz (1681) und durch die nachfolgende „Nutzung“ als Steinbruch zerstört wurde, verdanken wir es auch der Tatsache, daß der in eine eindrucksvolle Naturszenerie eingebettete Bau zu einem Prototyp romantischer gotischer Kirchenruinen werden konnte, und als solcher von den Künstlern des 19. Jahrhunderts wiederentdeckt wurde und u. a. auch Caspar David Friedrich zu mehreren Gemälden anregte. Im Umfeld des Klosters haben sich Überbleibsel der ebenfalls zerstörten Burg erhalten. Zu erwähnen sind neben zahlreichen Mauerresten u. a. zwei Tortürme sowie ein unter Karl IV. errichteter Rechteckbau. Die Profanbauten haben sich aus dieser Epoche nur noch spärlicher erhalten als aus der romanischen Zeit. Bei den wenigen verbliebenen Festungsanlagen, wie etwa Schloß Heynitz, lassen sich die hochgotische Teile unter den späteren Überbauungen kaum mehr ausmachen.

Pfarrkirchen

Um die Mitte des 14. Jahrhunderts setzte auch in Sachsen wieder verstärkt der Bau von Stadtpfarrkirchen ein. Der Sakralbau wurde durch die Schwäche des Königtums und den mit dem Abschluß der wirtschaftlichen und geistlichen Erschließungsphase nachlassenden Missionseifer der Orden zunehmend zu einer Angelegenheit des wohlhabenden städtischen Patriziats. Von den zunächst noch wenigen sächsischen Stadtkirchen seien hier die seit 1333 als Basilika erbaute und im 15. Jh. fast vollständig erneuerte Döbelner Nikolaikirche, die Chöre der Leipziger Nikolai- (Mitte 14. Jh.) und Thomaskirche (1355), die zugleich auch Stiftskirche war, sowie die Jakobikirche in Chemnitz, deren gotischer Neubau in das Jahr 1365 datiert, erwähnt. Während es sich bei den Kirchen in Döbeln und Leipzig um räumlich eher bescheidene und künstlerisch konservative Bauten handelt, deutete sich bei dem im Zweiten Weltkrieg bis auf die Umfassungsmauern zerstörten Langhaus der Chemnitzer Jakobikirche schon die Baugesinnung der aufkommenden Spätgotik an. Der weitläufige Hallenraum, dessen Gewölbe bereits von Oktogonpfeilern getragen wurde, atmete schon etwas von der Offenheit der spätgotischen Hallen, wenngleich sein Mittelschiff noch von deutlich schmaleren Seitenschiffen flankiert wird.

Zwar entstanden auch im heutigen Sachsen-Anhalt in dieser Epoche einige größere Stadtpfarrkirchen wie die Halberstädter Martinikirche oder die Tangermünder Stephanskirche, doch wurde die Sakralarchitektur hier noch maßgeblich von den Domen der Reichskirche (Naumburg, Magdeburg, Halberstadt) geprägt. Der relative Entwicklungsrückstand Sachsens offenbart sich, wenn man den Bestand an Bauten dieses Genres mit dem der Nachbarländer vergleicht. Auf dem Gebiet des seinerzeit zum wettinischen Machtbereich gehörenden Thüringen entstanden im späten 13. und frühen 14. Jh. immerhin Großbauten wie die Erfurter Severi- oder die Mühlhausener Blasiuskirche. In Böhmen setzte unter Karl IV. im zweiten Drittel des 14. Jahrhunderts ein bis zum Ende des Mittelalters anhaltender unvergleichlicher Baurausch ein, und selbst in der häufig zu Unrecht als karg und schmuckfeindlich verschrieenen Mark Brandenburg errichtete sich das städtische Bürgertum eine Vielzahl stattlicher und künstlerisch z. T. anspruchsvoller Pfarrkirchen wie die Marienkirchen in Prenzlau, Berlin, Gransee und Herzberg.

AUSKLANG DES MITTELALTERS

Geschichte

Die Tatsache, daß ein großer Teil der hier behandelten Bauten erst im 16. Jh. errichtet wurde, zeigt, daß der üblicherweise für die Architektur seit der zweiten Hälfte des 14. Jahrhunderts verwendete Begriff „Spätgotik" zur Beschreibung der sächsischen Baukunst des ausklingenden Mittelalters kaum ausreicht. In keiner anderen deutschen Kulturlandschaft gestaltete sich der stilistische Übergang von der Gotik zur Renaissance so vielgestaltig und vergleichsweise bruchlos wie in Sachsen.

Es war vor allem das in der zweiten Hälfte des 15. Jahrhunderts einsetzende Wiederaufleben des Silbererzbergbaus, dem das Land seinen Aufstieg zur wirtschaftlich und kulturell führenden Region des Reiches verdankte. Die seit der ersten Hälfte des 15. Jahrhunderts errichteten Großbauten belegen jedoch, daß der Aufschwung bereits vor dem großen obersächsischen „Berggeschrey" eingesetzt hatte. Ursächlich dafür war in gewissem Maße die vorausgegangene Krise selbst. Die durch Übersiedlung, Raubrittertum und die Pest ausgelöste Landflucht hatte einerseits Wachstum und Entwicklung der Städte begünstigt und andererseits auf dem Land die Position des Rittertums gestärkt. Der Landadel bemächtigte sich der brachliegenden Flächen, machte die freie Bauernschaft zu besitzlosen Landarbeitern (nicht zu Leibeigenen!) und konnte so als Großgrundbesitzer effektivere Wirtschaftsstrukturen aufbauen. In den

Städten gediehen Handwerk und Handel. Die sächsischen Tuchmacher begannen frühzeitig Stoffe als Massenware zu produzieren, und die seit dem späten 13. Jh. bestehende Leipziger Messe gewann rasch an Bedeutung. In Leipzig wurde 1409 eine der ersten deutschen Universitäten gegründet. Die Einführung frühkapitalistischer Produktionsmethoden führte zu einer allmählichen Auflösung des mittelalterlichen Zunftwesens und zu einer Differenzierung des städtischen Bürgertums in einfache, schlecht bezahlte Handwerker und wohlhabende Händler (Patrizier). Da sich die sächsischen Städte weder abschotteten und zu Bündnissen zusammenschlossen noch der Hanse beitraten, waren sie damit auch ein geeignetes Aktionsfeld für die süddeutschen Handelsimperien der Fugger, Welser und anderer, die hier dann bereitwillig investierten.

Das infolge der konsolidierten wirtschaftlichen Situation angesammelte Kapital war zugleich eine wesentliche Voraussetzung für die Entwicklung des Erzbergbaus. Viele Minen waren im 14. Jh. weniger deswegen aufgegeben worden, weil sie erschöpft waren, als vielmehr wegen unzureichender Förderungstechniken, die eine weitere Ausbeutung unrentabel erscheinen ließen. Der neuerliche Aufschwung des Silberbergbaus beruhte daher nur z. T. auf spektakulären Funden – häufig wurden die altbekannten Erzgänge mit aufwendigerer Technik und Organisation neu erschlossen. Der Bergbauboom löste wiederum im Erzgebirgsvorland eine Einwanderungswelle aus, und nach längerer Unterbrechung kam es wieder zu einer Reihe von Städtegründungen wie Schneeberg (1471), Annaberg (1492), Marienberg (1521) und Oberwiesenthal (1527).

Sachsen wurde im späten 14. und im 15. Jh. durch Erbstreitigkeiten im Hause Wettin mehrfach geteilt. Waren jedoch die Teilungen von 1382 und 1482 jeweils nur von vorübergehender Natur, so blieb die von den Söhnen Friedrichs II., Ernst und Albrecht, im Jahre 1485 vorgenommene Gebietstrennung, die sogenannte Leipziger Teilung, bis ins 20. Jh. hinein wirksam. Während der „ernestinische" Landesteil vor allem die Landgrafschaft Thüringen und Teile des heutigen Landes Sachsen-Anhalt umfaßte, bildete die Markgrafschaft Meißen das Herzstück des „albertinischen", fortan als Herzogtum Sachsen bezeichneten Landesteils, das den geographischen Rahmen der Betrachtungen dieses Buches bildet. Residenzhauptstadt der albertinischen Wettiner war seit 1485 Dresden. Da aber im albertinischen Landesteil nun die Primogenitur eingeführt wurde, kam es hier auch nicht zu weiteren dynastischen Teilungen. Die Lausitz gehörte seit Mitte des 14. Jahrhunderts zu Böhmen und ging erst im Gefolge des Dreißigjährigen Krieges wieder an das albertinische Sachsen. Bereits 1423 war Markgraf Friedrich IV. als Gegenleistung für seine Unterstützung in den Hussitenkriegen, die zeitweise auch auf Sachsen übergriffen, von Kaiser Sigismund zum Kurfürsten ernannt worden. Da der Titel mit dem Herzogtum Sachsen-Wittenberg verbunden war, das nach der Leipziger Teilung zum ernestinischen Gebiet gehörte, war ein Konflikt zwischen den beiden Landesteilen vorprogrammiert. Er kam jedoch erst im 16. Jh. voll zum Ausbruch, als der albertinische Herzog Moritz im Schmalkaldischen Krieg auf Seiten Kaiser Karls V. gegen seinen Cousin, den ernestinischen Kurfürsten Johann Friedrich – den Anführer des „Schmalkaldischen Bundes" – Partei ergriff. Als Lohn dafür wurde er 1548 nach der Schlacht von Mühlberg vom Kaiser mit dem Kurkreis Wittenberg belehnt und mit der Kurwürde ausgestattet. Die Albertiner konnten sich fortan bis zum Ende des Ersten Weltkrieges Kurfürsten von Sachsen nennen.

Ungeachtet der politischen Umwälzungen präsentierte sich Sachsen am Ende des Mittelalters als eines der prosperierendsten und fortschrittlichsten Länder des deutschen Reiches. Verwaltungen und Justiz galten als vorbildhaft. Die sächsischen Kurfürsten waren die ersten in Deutschland, die daran gingen, in ihrem Machtbereich quasi absolutistische Verhältnisse herzustellen. Es gelang ihnen das Raubritterunwesen zu beseitigen und die Landadligen zu abhängigen Höflingen zu degradieren. Sie waren daher auch die ersten, die sich großzügige Residenzen errichten ließen. Die Meißener Albrechtsburg und das Torgauer Schloß Hartenfels sind die ersten deutschen Schlösser.

Obgleich die historische Zäsur, die das Mittelalter in Deutschland weithin sichtbar abschloß, von Sachsen ausging, gestaltete sich die Einführung der Reformation aufgrund der politischen Rahmenbedingungen komplizierter und langwieriger, als man vermuten möchte. Während Luther im ernstinischen Landesteil vor allem durch Kurfürst Friedrich den Weisen (1486-1525), der für seinen Glauben die Anwartschaft auf den deutschen Königsthron aufgab, aber auch durch dessen Nachfolger Johann (1525-32), jede denkbare Unterstützung erhielt, verhinderte der streng katholische Herzog Georg (1500-39) bis zu seinem Tod das Vordringen der Reformation in seinen Machtbereich. Im Gegensatz zum Kurfürstentum Sachsen, das schon bei Luthers und Melanchtons „Kirchenvisitation" von 1530 fast vollständig zum neuen Glauben bekehrt war, setzte die Entwicklung im Herzogtum Sachsen erst später ein. Heinrich V. (1539-41), der Bruder und Nachfolger Herzog Georgs, nahm 1539 Kontakt zu Luther auf, um unter dessen Mitwirkung gleichfalls die Reformation einzuführen. Da dieser Prozeß im Laufe der 40er Jahre weitgehend abgeschlossen war und auch der seit 1541 regierende Herzog Moritz ein Anhänger der lutherischen Lehre war, stellt sich dessen Intervention zugunsten der katholischen Liga als rein machtpolitischer Schachzug dar. Im übrigen war Moritz' Partnerschaft mit Karl V. nur vorübergehender Natur. Sie hielt den „Judas von Meißen“ nicht davon ab, sich 1552 an die Spitze der „Norddeutschen Fürstenverschwörung“ zu stellen und militärisch mit Erfolg gegen den Kaiser und seine katholischen Bundesgenossen vorzugehen.

Unberührt von diesen politischen und gesellschaftlichen Verwerfungen schufen die sächsischen Architekten bis tief ins 16. Jh. hinein weiterhin monumentale Sakral- und Profanbauten. Die als einer der letzten Kirchenbauten der Epoche in Sachsen errichtete Torgauer Schloßkirche wurde am 5. Oktober 1544 von Martin Luther eingeweiht und war mithin der erste bedeutende protestantische Sakralbau des Landes. Vor allem dem im späten 15. Jh. über Sachsen hereinbrechenden Wohlstand war es zu danken, daß der Kirchenbau hier an der Schwelle zur Neuzeit, als sich in Mitteleuropa allerorten „Stilermüdung“ bemerkbar machte, und die Aktivitäten auf den meisten Großbaustellen zum Erliegen kamen, nochmals neue Impulse erhielt. Ein durch das Bevölkerungswachstum verstärkter Bedarf nach neuen Predigträumen konnte durch die wachsende ökonomische Leistungsfähigkeit kurzfristig befriedigt werden. Der in der sächsischen Geschichte bis dato beispiellose Baurausch beschränkte sich daher nicht allein auf die neugegründeten Bergbaumetropolen, sondern ergriff auch ältere Städte wie Zwickau, Leipzig oder Halle.

Die deutsche „Sondergotik“

War der Kirchenbau bis ins mittlere 14. Jh. hinein in Sachsen noch vorwiegend eine Angelegenheit der Klöster gewesen, so setzte sich nun die Entwicklung fort, die sich in der zweiten Hälfte des Jahrhunderts bereits angedeutet hatte. Als Auftraggeber und Finanzier von Sakralbauten trat im 15. Jh. fast ausschließlich das städtische Patriziat auf. Die Bettelorden errichteten zwar noch einige Neubauten wie die Meißener (1447-57), die Kamenzer (ab 1493) und die Görlitzer Franziskanerkirche (Anfang 16. Jh.), sie lieferten jedoch keine schulbildenden Entwürfe mehr, sondern orientierten sich an den stilistischen Vorgaben der spätgotischen bürgerlichen Pfarrkirchen. Diese „Verbürgerlichung“ der Sakralarchitektur hatte Konsequenzen sowohl für die Kirchen als auch für deren Erbauer. Erstmals finden sich in den Quellen nun Hinweise auf die Namen der Architekten. Die Baumeister begannen aus der Anonymität herauszutreten und wurden zu gut bezahlten Spezialisten. Persönlichkeiten wie Arnold von Westfalen, Jacob Heilmann von Schweinfurt oder Konrad Pflüger, die an vielen Projekten gleichzeitig beschäftigt waren, wurden zu dem, was man heute als Stararchitekten bezeichnen würde. Durch den Wechsel der Bauträger erfuhren die Kirchen auch einen Funktionswandel. Sie wurden zu allgemein zugänglichen Predigträumen, in denen keine räumliche Trennung zwischen Klerus und Laien mehr stattfand. Die Chöre mußten nicht länger ein raumgreifendes Chorgestühl berherbergen und begannen sich infolgedessen zu verkleinern, wurden aber zugleich vielgestaltiger. Sie verloren auch insofern an Bedeutung, als sich die Messe nun zum Predigtgottesdienst wandelte und der Standpunkt des Predigers sich vom Hochaltar zur Kanzel, ins Zentrum des Raumes, zur Gemeinde hin verlagerte. Damit die Predigt für diese hör- und sichtbar blieb, wurden die Kirchenschiffe weiträumiger und offener. Die Jochabstände vergrößerten und die Pfeilerquerschnitte verjüngten sich. Lettner wurden überflüssig und verschwanden völlig aus den Kirchenschiffen. Die Langhäuser wurden fast ausnahmslos in der Hallenform erbaut. Querschiffe sucht man deshalb in der spätgotischen deutschen Sakralarchitektur vergebens.

Mit diesen Entwicklungen ging ein Verlust des tradierten Symbolgehaltes der Architekturelemente einher. Die einzelnen Komponenten des Sakralbaus, denen Liturgie und Scholastik im nachgeschaffenen „Himmlischen Jerusalem“ einen genau definierten ikonographischen Kontext zugewiesen hatten, wurden nun als reine Schmuckformen mehr oder weniger frei verfügbar. Nikolaus Zaske beschreibt dieses Phänomen am Beispiel der norddeutschen Backsteingotik als „Profanisierung der Sakralarchitektur“.

Wenngleich solche kulturgeschichtlichen und funktionellen Interpretationsansätze manche Erscheinungen bis zu einem gewissen Grad zu erhellen vermögen, sind sie doch zur Erklärung künstlerisch-ästhetischer Entwicklungen letztlich nur bedingt tauglich. Phänomene wie die Entwicklung der figurierten Gewölbe, die Tendenz zur Betonung der Horizontalen oder die Einebnung des „diaphanen“ gotischen Wandgefüges entziehen sich einer ausschließlich sachlichen Deutung.

Einen der wichtigsten und zugleich umstrittensten Denkansätze zum Verständnis der deutschen Spätgotik lieferte das 1913 veröffentlichte Buch „Deutsche Sondergotik“ des Kunsthistorikers Kurt Gerstenberg. Da die Veröffentlichung unser Bild von diesem Kapitel der Kulturgeschichte nachhaltiger geprägt hat als vieles, was später dazu geschrieben wurde, und auch die Gegner der darin formulierten Thesen kaum umhin kommen, sich des damit geprägten Vokabulars zu bedienen, seien die wesentlichen Feststellungen hier in Umrissen skizziert.

Den Ausgangspunkt der „Untersuchung über das Wesen der deutschen Baukunst im späten Mittelalter“ bildete die Absicht, den Nachweis zu führen, daß es sich bei der deutschen Spätgotik keinesfalls um eine degenerierte Spielart

Freiberg, Dom unserer lieben Frauen – Choransicht: Der 1686 entstandene Chor des Freiberger Doms steht in der Nachfolge der Hallenser Moritzkirche. Die architektonische Konstruktion des mit einem schönen Fenstermaßwerk ausgestatteten 5/8-Polygons leitet sich ursprünglich von den Bettelordenskirchen ab und findet sich bei den meisten Pfarrkirchen des 14. und 15. Jahrhunderts. 1585-94 wurde der Chor von Giovanni Maria Nosseni durchgreifend umgestaltet. Die Strebepfeiler wurden durch die Hinzufügung von Sockeln, ionischen Kapitellen und pyramidenförmigen Fialen zu Pilastern umgedeutet.

Chemnitz, St. Jakobi: Choransicht – Auf den Fundamenten eines romanischen Vorgängerbaus wurde ab 1350 ein gotisches Hallenlanghaus und zu Beginn des 15. Jahrhunderts ein Umgangschor errichtet. Die komplizierte Choranlage folgt dem Vorbild der Nürnberger Sebalduskirche. Das 5/8-Binnenpolygon wird von einem in neun Seiten des Sechzehnecks schließenden Umgang umschlossen.

der französischen Gotik gehandelt habe, sondern daß die deutschen Baumeister dem französischen Stil etwas Eigenständiges und Gleichwertiges entgegengesetzt hätten. Die Grundaussage Gerstenbergs besteht darin, daß sich die deutsche Gotik im Laufe ihrer Entwicklungsgeschichte allmählich von den Gestaltungsprinzipien der französischen Gotik entfernt und sich einem der „nationalen Ausdrucksform“ seiner Schöpfer gemäßeren „sondergotischen“ Prototyp angenähert, „den ursprünglich landfremden Stil verdeutscht“ habe. Infolge der günstigen Rahmenbedingungen fand diese Entwicklung ihren folgerichtigen Abschluß und Höhepunkt im obersächsischen Bergbaugebiet.

Am Beispiel einer Reihe schulbildender Bauten skizziert Gerstenberg die Entwicklungen, die aus seiner Sicht für die deutsche Baukunst der Epoche kennzeichnend sind:

– Durch die „Ausschaltung“ des Querschiffs sowie einer allmählichen Weitung der Pfeilerabstände, die in letzter Konsequenz (Schneeberg, Plauen) zu quadratischen Jochen führte, wurde eine Verminderung des „Tiefendrangs“ und eine „allgemeine Bewegungsverlangsamung“ des Kirchenraumes erreicht.

– Der ausschließlichen Vertikalbewegung der Rayonnant-Gotik wurde durch die Einführung horizontaler Elemente wie Galerien, Emporen, Gesimsen und zweigeschossigen Fensterreihen entgegengewirkt. Die Kirchenschiffe wuchsen in die Breite, und die Raumhöhe verringerte sich. Die Wimperge verschwanden, und die Spitzbögen näherten sich dem Rund- oder dem Korbbogen an. Die Emporen umfassen schließlich den gesamten Raum.

– Die Seitenschiffe verbreiterten sich im Verhältnis zum Mittelschiff und wurden diesem in letzter Konsequenz wie z. B. auch in Schneeberg vollkommen angeglichen.

– An die Stelle der starr zum Sanktuarium ausgerichteten Orientierung der gotischen Kirchenräume trat in der „Sondergotik“ eine „Richtungslosigkeit“, die im Detail ihren Ausdruck zunächst in den Rund- und schließlich (in Obersachsen) in den konkav gebuchteten und zunehmend schlankeren Oktogonpfeilern fand. Die Hauptportale wurden im Interesse einer Verlagerung des Blickpunktes von der Westfassade an die Seitenschiffwand verlegt. Der sondergotische Raum entwickelt sich von einem Zentrum aus gleichmäßig und „richtungslos“ nach allen Seiten. “Der typisch sondergotische Blick geht von der Empore quer durch den Raum“.

– Die einzelnen Architekturkomponenten wurden miteinander „verschliffen“ (verschmolzen). Während die französische Kathedrale durch die strophische Aneinanderreihung gleichartiger Teile gekennzeichnet ist, tendiert die deutsche Gotik zur Überwindung der Abgrenzung von Joch und Schiff. Die figurierten Gewölbe machten zunächst den Gurt- und später den Scheidbogen überflüssig und „verschliffen“ das Raumgefüge. Durch die Auflösung der geometrischen Symmetrie zwischen Chor und -umgang (Schwäbisch Gmünd) erscheinen die Umgangsjoche nicht mehr gereiht, sondern miteinander verschmolzen. Die häufig zu beobachtenden Asymmetrien in Grundriß und Maßwerk dienen der systematischen Verunklärung der architektonischen Konstruktion und der Auflösung der geometrischen Rhythmik des Raumeindrucks.

– Der Chor verlor zunehmend an Bedeutung. Der Chorumgang ist bei den obersächsischen Hallen aufgelöst und mit dem Langhaus verschmolzen. Die Chorpartie ist weitgehend eingeebnet und tritt zuletzt überhaupt nicht mehr in Erscheinung.

– Funktionelle Elemente wie Strebepfeiler, Gewölberippen usw. verschwinden zugunsten „malerischer“ Dekorationsformen. Die Rippen der figurierten Gewölbe sind vollkommen funktionslos und zeigen dies auch demonstrativ. Das gotische Gewölbe ist nunmehr eine Tonne mit aufgemauerten Zierrippen. Statische Notwendigkeiten wurden so weit als möglich kaschiert.

– Die Raumbegrenzung verliert ihren diaphanen Charakter und tritt wieder als eingeebnete Wandfläche in Erscheinung. Die Strebepfeiler werden nach innen gezogen. Die „Sondergotik“ strebt nach „Beruhigung der optischen Erscheinung“ und ersetzt die rhythmische Vertikalität des Strebepfeilerwaldes der Choraußenwand durch eine „bildmäßige“ Fläche.

– Die Stützen werden nicht mehr in den architektonischen Kontext eingebunden, sondern laufen als eigenständige Gebilde gegen das einheitliche, ungeteilte Gewölbe, dessen Dienste sich kämpferlos – wie Zweige eines Baumes – aus ihm entfalten.

Obschon sich Gerstenberg der Konsequenzen des Funktionswandels von der Dom- und Klerikerkirche hin zum bürgerlichen Predigtraum bewußt war, sah er in erster Linie das Stilgefühl der deutschen Architekten und ihrer Auftraggeber als ursächlich für die Abkehr von den Gestaltungsprinzipen der französischen Gotik an. Die bedenkenlos verwendeten Formulierungen bezüglich einer der „deutschen Rasse“ gemäßen Stilentwicklung (Wilhelm Pinder spricht 1937 von einer „inneren Wachstumsähnlichkeit der verwandten Völker weißer Rasse“) lösen bei dem heutigen Leser aus naheliegenden Gründen Unbehagen aus. Gleichwohl ist der Grundgedanke, daß sich in der landesspezifischen Rezeption eines Stiles das ästhetische Empfinden seiner Erbauer widerspiegelt, vernünftig. Gerstenbergs These lautet verkürzt, daß sich das kulturelle Selbstverständnis der Deutschen im Unterschied zu den zum „Geometrischen“ und „Meßbaren“ neigenden romanischen Völkern eher im „Mystischen“ und „Irrationalen“ äußert. Während die Franzosen klar konturierte und voneinander geschiedene Einzelteile aneinanderreihten, vermie-

Torgau, St. Marien – Mittelschiff nach Osten: Obgleich noch mit einem (erst 1480 entstandenen) Kreuzrippengewölbe schließend, zeigt der Raum bereits die Offenheit und Weitläufigkeit der Spätgotik. Die ohne Kapitelle in die Arkaden laufenden schlanken Oktogonpfeiler umfassen quadratische Mittelschiffjoche. Die Schiffe haben etwa die gleich Breite. Das schließende mittlere Chorpolygon besitzt ein Zellengewölbe.

Torgau, St. Marien – Ansicht von Südosten: Die Torgauer Marienkirche entstand zwischen 1390 und 1450. Die mächtige dreischiffige, im Osten triapsidial schließende Halle ist eine der größten sächsischen Stadtpfarrkirchen des frühen 15. Jahrhunderts. Ihr hoch aufragendes Satteldach dominiert zusammen mit Schloß Hartenfels die Silhouette der Stadt.

Wittichenau, St. Mariä-Himmelfahrt – Südliches Seitenschiff: Die Wittichenauer Stadtpfarrkirche wurde etwa seit 1440 erbaut und um die Mitte des 16. Jahrhunderts vollendet. Der Diagonalblick zeigt die Besonderheiten der Architektur. Bemerkenswert ist das deutlich überhöhte Mittelschiff (Pseudobasilika) sowie die bei vielen Bauten der Lausitz anzutreffende Auflösung des Umgangschores durch den Wegfall der Binnenstützen.

den die Deutschen die Ausbildung von Grenzflächen und bemühten sich durch die absichtsvolle „Verschleifung“ der Baukomponenten und die daraus resultierende Verschleierung der Konstruktionszusammenhänge um die Schaffung „unendlicher, sich nach allen Seiten gleichmäßig ausdehnender, nicht abgeschlossener Räume“.

Wenngleich die Bedeutung des Buches allgemein anerkannt wurde, war es mit zunehmender zeitlicher Distanz aus unterschiedlichen Richtungen heftigen Angriffen ausgesetzt. Die einseitige Argumentation in Verbindung mit den glaubensbekenntnishaften Formulierungen, hat dem Autor vor allem den Vorwurf eingebracht, er verenge seine Sicht zu sehr auf eine begrenzte Zahl von Bauten und vernachlässige andere, die sich nicht in das von ihm entworfene Bild fügten. Der Vorstellung einer teleologischen, auf einen a priori feststehenden Prototypen zustrebenden Entwicklung, hat z. B. Nußbaum entgegengehalten, daß ein großer Teil vor allem der in Süddeutschland im 15. Jh. errichteten Neubauten weiterhin mit querrechteckigen Jochen, deutlich voneinander geschiedenen Schiffen und teils auch Jochen, Chorfassaden mit vortretendem Strebepfeilergerüst sowie dominanten Mittelschiffen ausgestattet wurden, und selbst die Betonung der Horizontalen keinesfalls die Regel ist.

Die Kunstgeschichtsforschung in der DDR stellte stets den gesellschaftspolitischen Aspekt in den Vordergrund. So stimmten die maßgeblichen Autoren darin überein, daß sich in der Bevorzugung der Hallenform eine „Tendenz zum Profanen“ und eine „Verbürgerlichung des Lebens“ (H. Magirius) ausdrückt, und Horst Ende bemerkt, die Halle habe eher dem „demokratisch gesinnten Bürgertum entsprochen als die als aristokratisch empfundene Basilika“. Gleichwohl schrieb etwa Ernst Ullmann, daß die Hallengotik in der Schneeberger Wolfgangkirche eine geradezu akademische Vollendung gefunden habe; an anderer Stelle sagte er jedoch, die Kirche sei „nie der einzig angestrebte Idealtyp Obersachsens“ gewesen. Die Kritik von Heinrich Magirius befindet sich insofern in Übereinstimmung mit der vieler Autoren, als sie darauf zielt, daß „diese ältere Forschung es versäumt habe, den Zusammenhängen mit den umgebenden Kulturlandschaften nachzugehen“ und sich „zu sehr auf die Vorstellung von einem im obersächsischen Kirchenbau zur letzten Konsequenz geführten spätgotischen Raumstil fixiert habe“.

Gerstenbergs Buch hat wohl vor allem deshalb soviel Anlaß zu Auseinandersetzungen geboten, weil es meist so doktrinär aufgefaßt wurde, wie es über weite Strecken formuliert ist. Wenn man berücksichtigt, daß die Kulturgeschichte nicht mit der inneren Logik der biologischen Evolution abläuft, hat es dennoch seinen unbestreitbaren Wert. Obgleich sich die deutsche Gotik nicht so gradlinig auf die obersächsischen Hallen zubewegt hat, wie Gerstenberg dies suggeriert, ist es doch evident, daß sich in diesen Bauten etwas ausdrückt, das man als „spezifisch deutsches Raumgefühl“ bezeichnen muß.

Seine Thesen wurzeln in den Traditionen einer Kunsthistorikerschaft, die sich erst wenige Jahrzehnte zuvor vom Schock der Erkenntnis hatte erholen müssen, daß die gotische Architektur eine französische „Erfindung“ ist und die seit Georg Dehio damit beschäftigt war zu ergründen, worin der Anteil der deutschen Baukunst in dieser Epoche bestand. Gerstenbergs Verdienst liegt somit vor allem in der Tatsache, daß er die deutsche Baukunst des 14. und 15. Jahrhunderts als eigenständigen und bewußt von der französischen Kathedralgotik abgesetzten nationalen Stil deutet.

Pfarrkirchen

Der Wandel in der spätgotischen Sakralarchitektur Sachsens zeigt sich auch darin, daß die bis zur Mitte des 15. Jahrhunderts entstandenen Bauten noch vorrangig durch ihre Ostabschlüsse charakterisiert sind. Anders als in der Mark Brandenburg oder in Böhmen sind hier allerdings nur selten innovative Lösungen zustandegekommen. Die am weitesten verbreitete Form ist nach wie vor der von der Bettelordensgotik abgeleitete, in einem 5/8-Polygon schließende einschiffige Saalchor. Man findet ihn u. a. im Freiberger Dom und in der Chemnitzer Schloß-, der Kamenzer Marien- sowie der Pegauer Laurentiuskirche. Diese schlichte Gestaltungsweise wird jedoch bei manchen durch die künstlerische Qualität der Maßwerkformen, vor allem der Fenster, aufgewertet. Diese sind durch die reiche Fassadengestaltung der Parlerschule beeinflußt und haben ihr unmittelbares – wenn auch nirgendswo erreichtes – Vorbild im Chor der Hallenser Moritzkirche. Auch die zahlreichen spätgotischen Dorfkirchen besitzen zumeist dreiseitig schließende Polygonalchöre.

Eine aufwendigere Form des Ostabschlusses findet man etwa bei der Jakobikirche in Chemnitz und dem Bautzener Dom. Beide besitzen eine Variante des Hallenumgangschores, die um die Mitte des 14. Jahrhunderts in Süddeutschland (Schwäbisch Gmünd) und Niederösterreich (Zwettl) entwickelt wurde und die vor allem die spätgotische Sakralarchitektur der Mark Brandenburg so in Frankfurt/Oder, Berlin, Brandenburg, Cottbus entscheidend prägte. Die Besonderheit ihrer Konstruktion besteht in den unterschiedlichen Seitenzahlen von innerem und äußerem Polygon. Während in der klassischen Kathedrale ein üblicherweise mit fünf Seiten des Achtecks schließender Binnenchor stets von einem gleichartigen Umgangschor umschlossen wird, besitzt die Chemnitzer Jakobikirche einen dreiseitigen Binnenchor und einen mit neun

Görlitz, St. Peter-und-Paul – Ansicht von Südosten: Nicht weniger imponierend ist die rein spätgotisch geprägte Ostfassade der Peter-und-Paulkirche am Steilufer der Neiße. Die Besonderheit der architektonischen Konstruktion sind die separaten polygonalen Endigungen der drei Schiffe (Triapsidialchor). Die beiden über ein eigenes Pultdach verfügenden äußeren Seitenschiffe wurden nachträglich angefügt.

Borna, St. Katharinen – Choransicht: Die ab 1411 erbaute Bornaer Katharinenkirche steht auf den Fundamenten eines romanischen Vorgängerbaus. Der schlichte Saalchor der dreischiffigen, vierjochigen Halle besitzt insofern eine ungewöhnliche Konstruktion, als sein Polygon in drei Seiten des Sechsecks schließt.

Seiten des Sechzehnecks schließenden Umgang und zeigt damit die kompliziertesten Brechungsverhältnisse aller Umgangschöre. Diese Konstruktion entspricht dem Modell der von 1361-79 errichteten Nürnberger Sebalduskirche. Bei dem in der zweiten Hälfte des 15. Jahrhunderts erbauten Chor des Bautzener Doms oder dem der Wittichenauer Stadtkirche Mariä-Himmelfahrt wird das innere 5/8-Polygon von einem siebenseitigen Umgang eingefaßt. Bei der Wittichenauer Kirche handelt es sich insofern, als ihre Arkadenbögen jenseits der Binnenchorstützen in den Umgang hinein verlängert werden, um eine durch Vorbilder aus der Niederlausitz beeinflußte Sonderform des „märkischen Umgangschores". Eine ähnliche Konstruktion findet man auch bei der um die Wende vom 15. auf das 16. Jh. entstandenen Johanneskirche in Hoyerswerda sowie bei anderen Bauten in der heute zu Brandenburg gehörenden Niederlausitz (Spremberg, Forst, Senftenberg). Gemeinsam ist diesen Kirchen der Wegfall der Mittelstützen, die das Binnenpolygon optisch gegen den Umgang abgrenzen. Als Folge davon verschmilzt das Mittelschiff mit dem Chorumgang. Auch die Überhöhung des Mittelschiffs ist ein Merkmal, das man bei anderen spätgotischen Pfarrkirchen in der Lausitz, so etwa in Cottbus und – weniger ausgeprägt – in Spremberg, finden kann. Solche Staffelhallen oder Pseudobasiliken wurden während der ausklingenden Gotik in größerer Zahl auch in vielen anderen deutschen Kulturlandschaften erbaut.

Eine andere Chorform findet man bei der Torgauer Marienkirche, der Görlitzer Peter-und-Paulskirche, deren Mittelschiff ebenfalls pseudobasilikal überhöht ist und bei der Oschatzer Ägidienkirche. Diese Bauten besitzen einen sogenannten triapsidialen Ostabschluß, der durch die separaten polygonalen Endigungen der einzelnen Kirchenschiffe gekennzeichnet ist. Ihre Konstruktion, bei der der vortretende 5/8-Chor des Mittelschiffs von zwei 3/6-Nebenapsiden flankiert wird, findet sich analog auch bei der Hallenser Moritzkirche, ist aber letztlich wohl eine Abwandlung des Chores der Prager Teynkirche. Auch im norddeutschen Backsteingebiet trifft man häufig auf triapsidiale Abschlüsse in unzähligen Varianten etwa in Lübeck, Hannover, Lüneburg, Prenzlau, Werben und andernorts. Die Görlitzer Kirche ist nicht nur der größte spätgotische Sakralbau im heutigen Sachsen, sie besitzt überdies den mit 27 m bei weitem höchsten Innenraum aller sächsischen Kirchen. Da man die Peter-und-Paulskirche über die alte Stadtmauer hinaus an das steil abfallende Neißetal baute, wurde ein aufwendiger Unterbau notwendig, den man zur Schaffung einer unter dem Chor gelegenen, 1457 vollendeten vierschiffigen Unterkirche, der Georgenkapelle, nutzte.

Neben diesen Chorvarianten findet man noch einige Sonderformen, wie etwa den Rechteckchor der Zwickauer Katharinen-, das 3/6-Polygon der Bornaer Katharinen- oder den 3/8-Abschluß der Frohburger Michaeliskirche. Bei dem ab 1453 erbauten 5/15-Chor des Zwickauer Doms handelt es sich um eine Konstruktion, die nur unter dem Gesichtspunkt der „sondergotischen Raumverschleifung“ und des allmählichen Bedeutungswandels des Ostabschlusses zu verstehen ist.

Das Erscheinungsbild der sächsischen Sakralbauten der ersten Hälfte des 15. Jahrhunderts ist insgesamt so heterogen, daß von einer einheitlichen Kulturlandschaft zu diesem Zeitpunkt kaum zu sprechen ist. Wenn die überwiegend nur vier- oder fünfjochigen Langhäuser in der Regel dreischiffig sind, findet man doch auch eine Vielzahl von zweischiffigen Anlagen wie die Petri-Pauli-Kirche in Zittau, die kriegszerstörte Barfüßerkirche in Leipzig, die Stiftskirche in Chemnitz-Ebersdorf, die Marienkirche in Stollberg oder die Marienkirche in Mittweida. Die Kamenzer Marienkirche und der Bautzener Dom wurden durch nachträgliche Anfügungen zu vierschiffigen und die Görlitzer Peter-und-Paulskirche gar zu einem fünfschiffigen Bau erweitert.

Um die Wende vom 14. auf das 15. Jh. tauchen dann in Sachsen erstmals in größerer Zahl zunächst noch einfache figurierte Wölbungsformen auf. Da aber die meisten der in diesem Zeitabschnitt begonnen Bauten erst in der zweiten Jahrhunderthälfte vollendet wurden, sind auch sie heute mit den für Obersachsen charakteristischen Netz- und Sterngewölben ausgestattet. Wölbungen aus der Zeit bis zur Mitte des 15. Jahrhunderts begegnen uns heute dagegen nur noch in sehr wenigen Bauten. So besitzen z. B. die Kamenzer Marien-, die Chemnitzer Jakobi- und die Oschatzer Ägidienkirche noch ihre parlerisch beeinflußten Netzgewölbe, und in der Döbelner Nikolai- oder der Zittauer Kreuzkirche findet man z. T. sehr phantasievolle Sterngewölbskonfigurationen.

Die um 1410 entstandene, durch böhmische Vorbilder beeinflußte Zittauer Kreuzkirche ist ein Sonderfall, in dem sich die weitere Entwicklung bereits anzudeuten scheint. Es handelt sich um einen vierjochigen Einstützenbau unter einem sogenannten Schirmgewölbe, das heißt einem raumübergreifenden Gewölbestern, in dessen Zentrum sich der tragende Pfeiler befindet. Obgleich man angesichts der Wirkung dieser Konstruktion geneigt ist, Zusammenhänge zu den obersächsischen Raumwölbungen herzustellen, orientiert sich diese Bauweise noch an älteren Mustern. In Nebenkapellen und auch in profanen Saalbauten wurde in Deutschland bereits seit dem frühen 14. Jh. mit neuen, das tradierte Raumgefüge auflösenden Gewölbeformen experimentiert. Das Zittauer Schirmgewölbe entspricht weitgehend den hundert Jahre älteren Wölbungen der Lübecker Briefkapelle, der Kapitelsäle in Eberbach und Maulbronn oder des Remters der Marienburg. Die Gewölberippen der

Rochlitz, Kunigundenkirche – Südfassade: Die 1476 vollendete Rochlitzer Kunigundenkirche gilt als ein wichtiger Wegbereiter der obersächsischen Spätgotik. Hier wurde erstmals in Sachsen ein raumvereinheitlichendes Netzgewölbe verwirklicht. Das Äußere ist durch die vorgestellten Strebepfeiler und das reiche Maßwerkdekor noch der alten Tradition verpflichtet. Eine Mitwirkung Arnolds von Westfalen wird vermutet, ist aber nicht bewiesen.

Mittweida, St. Marien – Innenraum nach Osten: Der Chor der Mittweidaer Marienkirche wurde vermutlich zwischen 1454 und 1476 von Arnold von Westfalen erbaut. Langhaus und Turm wurden 1522 vollendet. Das schöne Netzgewölbe des Chores faßt den ungeteilten Raum zu einer zweischiffigen Einheit zusammen.

Rochlitz, St. Petri – Gesamtansicht von Süden: Die Rochlitzer Petrikirche wurde im wesentlichen zwischen 1470 und 1499 in reizvoller Lage am Ufer der Zwickauer Mulde errichtet. Sie ähnelt im Aufbau der etwa zeitgleich entstandenen Kunigundenkirche, ist aber äußerlich schlichter als diese. Wie die Kunigundenkirche verfügt sie über ein fast quadratisches dreijochiges Langhaus und einen 5/8-Saalchor. Ungewöhnlich ist der kleine Turm über dem südöstlichen Seitenschiffjoch.

Meißen, Dom – Westfassade: Die Meißener Domfassade wird wesentlich durch das von 1471 bis 1481 nach Plänen Arnolds von Westfalen erbaute dritte Geschoß geprägt. Die Einblicke auf die im Turminneren verlaufende steile Treppenspindel gewährenden Wanddurchbrüche finden sich auch im darüberliegenden Geschoß, das ebenso wie die Turmhelme in den Jahren 1904-09 von Karl Schäfer ergänzt wurden. Die in einem spitzen Dachreiter kulminierende Fürstenkapelle vor der Fassade wurde ab 1423 erbaut.

Kreuzkirche setzen sich überwiegend noch als Dienste bis zum Sockel des kämpferlosen Achteckpfeilers fort, wachsen z. T. aber schon ansatzlos aus diesem heraus. Das Gewölbe der erwähnten 1457 geweihten Georgenkapelle der Görlitzer Peter-und-Paulskirche steht in der gleichen Tradition. Die Konstruktion des vierjochigen Raumes ist jedoch ungleich komplizierter. Die die Joch- und Schiffsgrenzen durchdringenden „Springgewölbe" der mittleren Schiffe werden von schlanken Oktogonpfeilern getragen, während die Netzgewölbe der seitlichen Schiffe teils auf Kombinationen aus Oktogon- und Rundpfeilern, teils aber auch auf kräftigen Bündelpfeilern ruhen.

Die Bauten der „Erzgebirgsschule"

Der wahrscheinlich erste Sakralbau Sachsens, dessen kombiniertes Stern- und Netzgewölbe – dem Beispiel der Amberger Martinskirche folgend – den dreischiffigen Hallenraum zu einer Einheit zusammenfaßt, indem es sowohl die Gurt- als auch die Scheidbögen durchstößt, ist die Rochlitzer Kunigundenkirche. Als Entstehungsjahr ist auf einem der Schlußsteine die Zahl 1476 vermerkt. Die vermutete Mitwirkung Arnolds von Westfalen, des Hauptbaumeisters der Meißener Albrechtsburg, an diesem Projekt ist nicht bewiesen, angesichts der Entstehungszeit und der Übereinstimmungen mit der Marienkirche von Mittweida aber naheliegend. Auch die Pfeilersockel erinnern an diejenigen in der Albrechtsburg. Wie bei den in den Bergbaumetropolen errichteten Pfarrkirchen beginnen die Gewölberippen auch hier unmittelbar am oberen Ansatz der Oktogonpfeiler, deren Flächen noch nicht die charakteristischen konkaven Einbuchtungen aufweisen. Möglicherweise setzten sie sich jedoch ursprünglich als Dienste bis zum Pfeilersockel fort und wurden erst

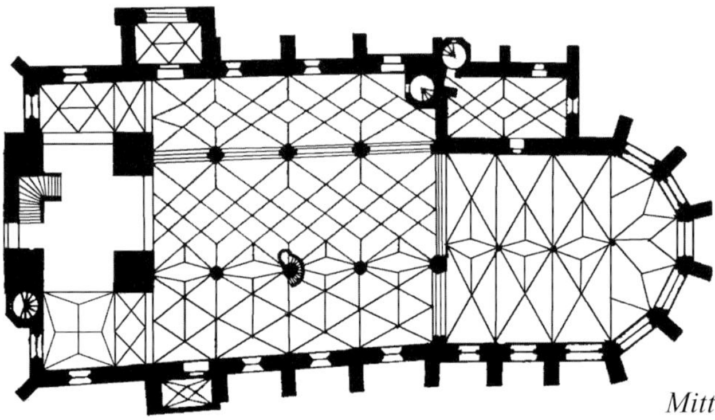

Mittweida, St. Marien

nachträglich – im Interesse der stilistischen Angleichung an die Bauten in Freiberg, Zwickau, Annaberg und andere – entfernt. Die Tatsache, daß Stütze und Wölbung hier noch in anderem Verhältnis zueinander stehen als bei den späteren Bauten, ist auch daraus zu ersehen, daß sich die kräftigen Rippen noch unter relativ steilem Winkel aus den Pfeilern entwickeln. Auch die formal nicht überall völlig geglückte, teils asymmetrische Konstruktion des Netzgewölbes läßt erkennen, daß man sich am Beginn einer Epoche befindet. Ungeklärt ist die ursprüngliche Zweckbestimmung des aufwendigen Baus, der erst 1548 zur Pfarrkirche erklärt wurde, also über 70 Jahre der kleineren Petrikirche nachgeordnet war. Wenngleich Dokumente, die darüber Aufschluß geben könnten, nicht existieren, deuten Indizien darauf hin, daß die Kirche im Auftrag der im benachbarten Wechselburg niedergelassenen Deutschordensritter erbaut worden sein könnte. Ungeachtet der raumvereinheitlichenden Wölbung ist der Innenraum noch von queroblongen Mittelschiffjochen geprägt, die mehr als die doppelte Breite der Seitenschiffjoche haben. Den Außenbau gliedern der reiche, großenteils aus krabbenbesetzten Wimpergen bestehende Maßwerkschmuck und die deutlich herausfluchtenden Strebepfeiler.

Arnolds bekannteste Arbeit an einem Sakralbau ist das 1471-81 geschaffene dritte Geschoß der Westfassade des Meißener Doms. Es fußt auf dem ab 1315 errichteten ersten sowie dem um 1400 ergänzten zweiten Turmgeschoß und bildete bis 1904 den Abschluß der Westfront. Seine Besonderheiten sind vor allem die allseitigen Wanddurchbrüche, die Einblicke auf die unvermittelt auftauchenden Treppenläufe gewähren, die tiefgekehlten Blenden, das elegante, teils freistehende Maßwerkdekor und der Verzicht auf äußere Strebepfeilervorlagen. Als Bekrönung der Schaufassade war ursprünglich vermutlich ein dreitürmiger Abschluß ähnlich dem Erfurter Dom oder der Erfurter Severikirche vorgesehen, der nach Aussage Gurlitts möglicherweise sogar zwischenzeitlich existierte. Seit 1909 kulminiert der Dom in zwei stilistisch gut eingepaßten Turmhelmen, nach Entwurf von Karl Schäfer aus Karlsruhe. Da Arnolds Turmgeschoß nur bis zur Höhe des Dachfirstes reichte, wurde die Silhouette der Stadt bis ins 20. Jh. hinein vom südlichen der beiden Osttürme dominiert. Dessen in der Tradition des Freiburger Münsterturms stehendes, leicht schiefes durchbrochenes Oktogon, ist der künstlerisch bemerkenswerteste gotische Turmabschluß in Sachsen.

In den 80er und 90er Jahren dieses Jahrhunderts wurden in kurzer Folge die nächsten größeren Bauten dieses Genres errichtet. Die Gewölbe der Leipziger Thomaskirche (1489-96) und der Görlitzer Peter-und-Paulskirche (1490-97) entstanden unter der Leitung von Arnolds Nachfolger, dem aus dem Schwäbischen stammenden Konrad Pflüger, der sowohl für die albertinischen als

Leipzig, St. Thomas – Mittelschiff nach Westen: Das Langhaus der Leipziger Thomaskirche wurde ab 1482 von Klaus Roder auf den Fundamenten eines romanischen Vorgängerbaus errichtet. Vollendet wurde es 1496 mit der Einwölbung durch Konrad Pflüger. Der weitläufige Raum gilt als einer der ersten Vertreter der spätgotischen obersächsischen Hallen. Das durch den Prager Dom beeinflußte feinmaschige Netzgewölbe überspannt drei gleich breite Schiffe. Die beabsichtigte Raumwirkung kommt in der Westansicht am wirkungsvollsten zur Geltung.

Görlitz, St. Peter-und-Paul – Gesamtansicht von Südwesten: Kaum ein Sakralbau dominiert das Stadtbild so, wie diese bei weitem größte aller spätgotischen Kirchen in Sachsen. Die fünfschiffige Staffelhalle entstand in den Jahren 1423 bis 1497. Die im Kern noch romanische Westfassade kulminiert seit 1891 in zwei eindrucksvollen neogotischen Turmhelmen.

Görlitz, St. Peter-und-Paul – Gewölbeansicht: Die Wölbung der Peter-und-Pauls-Kirche entstand in den Jahren 1495 bis 1497 unter der Leitung von Konrad Pflüger. Das Netzgewölbe, dessen Form durch die Wölbung des Prager Doms beeinflußt ist, wird nicht durch Gurtbögen und Arkaden unterbrochen und faßt alle Schiffe und Joche zu einer Einheit zusammen. Die Pfeiler laufen hier bereits ohne Kapitelle übergangslos in die Gewölberippen.

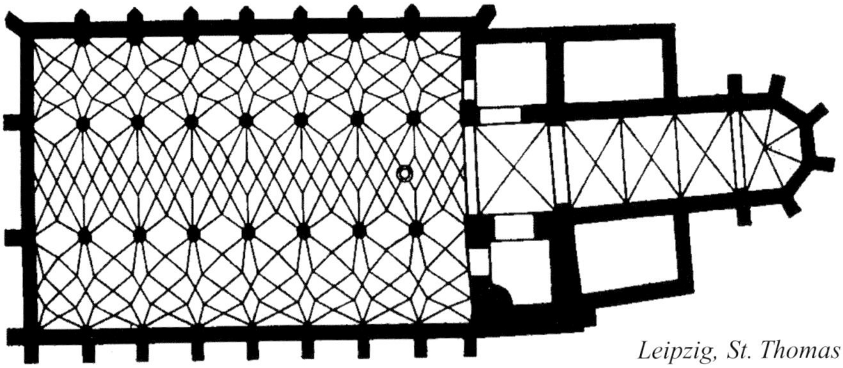

Leipzig, St. Thomas

auch für die ernestinischen Wettiner tätig war. Da an der Görlitzer Hauptkirche bereits seit 1423 gearbeitet wurde, werden die Netzgewölbe dort noch von Bündelpfeilern getragen, während sie in Leipzig auf ungekehlten Oktogonpfeilern ruhen, die ab 1482 zusammen mit dem übrigen Langhaus von Klaus Roder geschaffen wurden. Wie bei den meisten triapsidialen Hallen ist das Mittelschiff in Görlitz noch erheblich breiter als die Seitenschiffe. In Leipzig ist dagegen erstmals ein Bau mit drei annähernd gleichbreiten Schiffen verwirklicht. Die Annahme, daß diese Art der Raumaufteilung damit zur Norm wurde, ist jedoch irrig. Auch bei vielen Schlüsselbauten der Folgezeit umschließen die Seitenschiffe wieder ein deutlich dominierendes Mittelschiff. Da sich die Gewölbe auch in Görlitz und Leipzig noch unter relativ steilem Winkel aus den kämpferlosen Pfeilerschäften erheben, erscheint die Decke hier noch nicht in dem Maße als raumübergreifende Tonne wie bei späteren Bauten. Die Netzrippenmuster stehen auch bei Pflüger – wenngleich deutlich komplizierter – noch in der Tradition der parlerischen Wölbungen. Die Strebepfeiler sind in Leipzig wie bei den meisten obersächsischen Kirchen zumindest teilweise nach innen gezogen. Wie wenig die Leipziger Thomaskirche dennoch dazu geeignet war, ein Prototyp der neuen Generation obersächsischer Pfarrkirchen zu sein, läßt sich auch daraus ersehen, daß die acht Langhausjoche noch die überkommene queroblonge Form haben und die Seitenschiffemporen erst im späten 16. Jh. eingebaut wurden.

Ganz anders verhält es sich bei dem etwa zeitgleich (ab 1484) geschaffenen und geradezu programmatisch erscheinenden Langhaus des Freiberger Doms. Seine Erbauer, Johann und Bartholomäus Falkenwalt haben hier geradezu ein Modell des „sondergotischen Einheitsraumes“ geschaffen. Der 1514 vollendete Raum besteht aus drei Schiffen gleicher Breite, die sich über sechs fast quadratische Joche erstrecken. Die Strebepfeiler sind vollständig nach innen

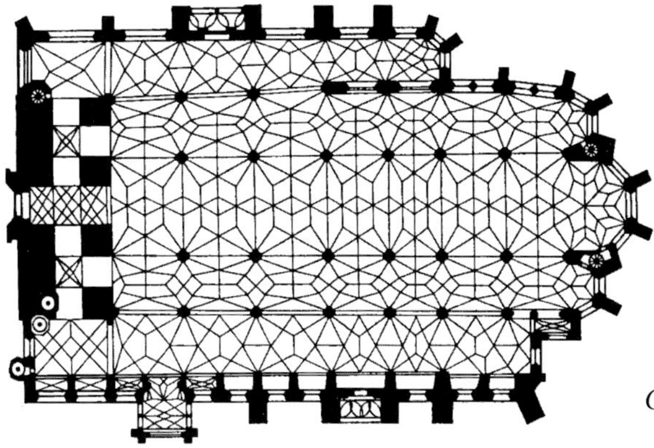

Görlitz, St. Peter-und-Paul

gezogen, und die dadurch entstandenen kapellenartigen Räume werden ebenso wie die vierbahnigen Fenster durch eine umlaufende Empore mit einer schönen Maßwerkbrüstung zweigeteilt (um dem Vertikalismus entgegenzuwirken?). Während man in Leipzig keinen Versuch machte, das neugeschaffene Langhaus gegen den Chor der hochgotischen Vorgängerkirche optisch abzugrenzen und damit in Kauf nahm, daß sich die Aufmerksamkeit des Besuchers zuerst diesem zuwendet, war der Architekt des Freiberger Doms, wie Ullmann schreibt, „von der Idee des Einheitsraums so ergriffen, daß er den Chor einfach vom Gemeindehaus abtrennte". Dies tat er, indem er die Empore brückenförmig über die Choröffnung hinweg fortsetzte und das vormalige Sanktuarium quasi zur Nebenkapelle degradierte. Bemerkenswert ist auch die Tatsache, daß die Emporen von Rundbögen getragen werden.

Das Gewölbe ruht auf zehn schlanken Achteckpfeilern mit stark gekehlten Seitenflächen, die fast fremdkörperhaft in die flache Decke hineinwachsen. Da sich schwerlich begründen läßt, warum ein Oktogonpfeiler mit gekehlten Flächen stärker zur Betonung der „Richtungslosigkeit" beitragen soll als ein solcher mit ebenen Flächen, spricht einiges dafür, daß die Entscheidung für den ersteren – wie Nußbaum vermutet – vor allem wegen des belebenden „Licht- und Schattenspiels und der optischen Substanzverringerung" erfolgte. Durch die nahezu quadratischen Joche sind die Pfeiler so weit auseinandergezogen, daß sie den freien Durchblick des Betrachters von keinem Standpunkt aus beeinträchtigen und so den Eindruck eines ungeteilten, richtungslosen Raumes fördern. Indem die Rippen scheinbar zufällig in unterschiedlicher Höhe kämpferlos aus den Stützen hervortretenden, wird der formale und funktionelle Bezug zwischen den Pfeilern und der in flachen asymmetrischen Trichtern erwachsenden Wölbung verschleiert. Obgleich das Netzrippenmuster des Gewölbes nahezu identisch mit dem der Leipziger Thomaskirche ist,

Freiberg, Dom unser lieben Frau – Innenraum nach Südwesten: Der Freiberger Dom war einer der wichtigsten stilbildenden Prototypen der deutschen Spätgotik. Das ab 1484 von Johann und Bartholomäus Falkenwalt geschaffene Langhaus wird durch eine umlaufende Empore gegen den älteren Chor abgegrenzt. Die drei Schiffe sind gleich breit, und die Joche sind annähernd quadratisch. Die infolgedessen weit auseinander gerückten schlanken, gekehlten Oktogonpfeiler werden optisch kaum als Blickbegrenzung wahrgenommen und betonen die Offenheit und Weite des Raumes.

Freiberg, Dom unser lieben Frau – Gewölbeansicht: Im Vergleich mit der Leipziger Thomaskirche erscheint das 1509-14 entstandene Netzgewölbe des Freiberger Domes flächig und eingeebnet. Die Pfeiler haben keinen konstruktiven Bezug mehr zum Geflecht der Gewölberippen und wachsen fremdkörperhaft in die Raumdecke hinein – diese wie scheinbar durchstoßend.

Freiberg, Dom unser lieben Frau – Tulpenkanzel: Die Freiberger Tulpenkanzel ist eines der kuriosesten und zugleich großartigsten plastischen Bildwerke des späten Mittelalters. Das 3,9 Meter hohe Meisterwerk wurde 1508 bis 1511 von Hans Witten, dem bedeutendsten deutschen Bildhauer der Epoche, aus weißem Tonstein geschlagen. Zwischen den Blättern des tulpenförmigen Kelches befinden sich Portraits der vier Kirchenväter. Unter den Treppenstufen und zwischen den Ranken des distelartigen Stengels erkennt man Bergmänner, Hunde und Putten.

ergibt sich daraus ein deutlich veränderter Raumeindruck. Die Wölbung wirkt, da sie stärker eingeebnet ist, die Pfeiler weiter auseinandergezogen sind und die Rippen höher ansetzen, mehr als raumübergreifende Fläche. Dennoch spiegelt sich die Abfolge der Schiffe auch hier noch in Form klar voneinander geschiedener Täler in der Raumdecke wider. Der Außenbau des Freiberger Langhauses zeigt sich, da er durch den weitgehenden Einzug der Strebepfeiler geglättet ist und jeglichen gliedernden Bauschmucks entbehrt, von ungewohnter Schlichtheit und kontrastiert mit der erwähnten „Chorfassade".

Der Freiberger Dom besitzt mit der 1508-10 von Hans Witten aus Köln geschaffenen „Tulpenkanzel" das vielleicht bedeutendste plastische Werk der deutschen Spätgotik und zugleich die künstlerisch bemerkenswerteste Kanzel überhaupt. Es handelt sich dabei um ein phantastisches Gebilde in Form einer distelartigen Pflanze, deren tulpenförmige Blüte den Kanzelkorb bildet, der über eine von den Ästen eines Baumes sowie von einem darin sitzenden Bergmann getragene Stiege erreicht wird. Zwischen den Blättern des Gewächses befindet sich eine Vielzahl an Figuren. Außer dem erwähnten Bergmann erkennt man am Fuße der Treppe den Propheten Daniel, zwischen den Blättern des Stieles spielen vier Putten (!), und aus dem Rankenwerk der Blüte sind vier Kirchenväter modelliert. Die handwerkliche Ausführung ist von stupender Qualität, und die Skulpturen sind von derart atemberaubender Lebensechtheit, daß man sich scheut, das Ganze als ein Werk des ausklingenden Mittelalters anzusehen. Neben diesem wunderbar mit der fast barocken Helligkeit – die hier wie anderenorts daraus resultiert, daß man auf die Verwendung von Buntglas weitgehend verzichtete – und Heiterkeit des Raumes harmonierenden Gebilde erscheint die benachbarte „Bergmannskanzel" aus dem Jahr 1638 fast schwerfällig.

Hans Witten war zu Beginn des 16. Jahrhunderts einer der meistbeschäftigten Bildhauer Sachsens. Aus seiner Werkstatt stammen auch die Geißelsäule in der Chemnitzer Schloßkirche, einige Schlußsteine in der Annaberger Annenkirche, die Schnitzaltäre in der Ehrenfriedersdorfer Nikolaikirche und der Bornaer Katharinenkirche, einige kleinere Holzfiguren in der Pegauer Laurentiuskirche und der Grabstein des Dietrich von Harras in der Chemnitzer Stiftskirche. Seine bekanntesten Werke sind jedoch neben der Tulpenkanzel die „Schöne Tür" in Annaberg und das 1503-05 geschaffene unvergleichliche Nordportal der Chemnitzer Schloßkirche. Das Chemnitzer Portal ist eine fast bis zur Traufhöhe reichende, von zwei Strebepfeilern und einem Rundbogen eingefaßte Schaufront, in der sich zwischen dekorativ zurechtgebogenen Baumstämmen und Ästen eine Vielzahl lebensgroßer Statuen befindet, die überwiegend eigenhändig von Witten gefertigt wurden. Die übrigen wurden von Franz Maidburg bis 1525 ergänzt. Im Zentrum erkennt man den Gnadenstuhl, umgeben von musizierenden Engeln. Im Mittelfeld des zweiten Geschosses befindet sich eine Darstellung Mariens, die in den Seitenfeldern von Johannes dem Täufer, Johannes dem Evangelisten, sowie St. Benedikt und St. Scholastika flankiert wird. Neben dem Portal befinden sich das kaiserliche Stifterpaar (Lothar und Richenza) sowie zwei Äbte. Das Chemnitzer Portal und die Tulpenkanzel sind die künstlerischen Glanzpunkte der in der obersächsischen Spätgotik verstärkt zu beobachtenden Tendenz zur Umdeutung gotischen Maßwerks zu vegetabilen Schmuckformen. Der Erfinder dieses „Astwerkdekors" war jedoch nicht Witten, sondern der in Böhmen tätige Benedikt Ried, der u. a. die mittelalterlichen Teile der Prager Burg (Wladislawsaal, Böhmischer Landtag, Reitertreppe) sowie die Stadtkirche in Laun (Louny) schuf und die Barbarakirche in Kuttenberg (Kutna Horá) vollendete. Seine Bauten hatten maßgeblichen Einfluß auf die sächsische Architektur, und sein Schüler Jakob Heilmann von Schweinfurth wurde in Sachsen im frühen 16. Jh. zu einem der meistgefragten Baumeister. Ried schuf 1490-93 in einer Chorrandkapelle des Veitsdoms das sogenannte Wladislaw-Oratorium, eine Loge für den jagiellonischen Böhmenkönig Wladislaw, die bereits in ähnlicher Weise wie die Arbeiten Hans Wittens mit Astwerk, Skulpturen, Wappen und verschiedenen Herrschaftssymbolen ausgestattet ist.

Weitere Beispiele dieser Dekorationskunst findet man in Zwickau und Pirna. Ein phantasievolles, jedoch in der kunsthandwerklichen Ausführung im Vergleich zum Chemnitzer Vorbild etwas gröber erscheinendes Portal, ziert die Nordseite der Zwickauer Marienkirche. Die Fläche des konkav geschwungenen Wimpergs über dem kielbogigen Portal ist vollkommen mit wild verschlungenem Ästen überzogen, denen Menschenköpfe und furchterregende Ungeheuer entwachsen und zwischen denen vielerlei Tiere (Affen, Katzen, Vögel) herumklettern. Wie man auf den Fotos in den Inventaren erkennt, wurde davon einiges erst im 19. Jh. ergänzt. Am Chor der Pirnaer Marienkirche wachsen zwei freitragende Rippen in Form von Baumstämmen, an denen „Wilde Leute" emporklettern, in die fischblasenförmige Wölbung des mittleren Polygons hinein. Die entsprechenden Rippen des Langhauses wurden leider im 18. Jh. abgeschlagen. Nußbaum deutet dieses Motiv als Zeichen atavistischen mittelalterlichen Aberglaubens und versucht, damit die Auffassung, in diesen Bauten manifestiere sich die Gesinnung eines aufklärerischen Frühbürgertums, zu widerlegen. Andererseits ließe es sich angesichts der Unbefangenheit mit der die spätgotischen Baumeister derartige ikonographische Versatzstücke verwendeten, vielleicht im Gegenteil auch als ironische Infragestellung derartiger dämonischer Mächte interpretieren.

Zwickau, Dom St. Marien – Wimperg über dem Nordportal: Im Gegensatz zu den bewußt karg gehaltenen Fassaden der Erzgebirgshallen sind die Außenwände der Zwickauer Marienkirche fast flächendeckend reich dekoriert. Hauptschaustück ist die Portalzone auf der Nordseite der Kirche. Der Wimperg über dem Kielbogen des Portals – dessen Schöpfer nicht überliefert ist – zeigt phantasievoll gestaltete Astwerkornamentik in der Tradition des Prager Wladislaw-Oratoriums von Benedikt Ried. Die flankierenden Skulpturen wurden im 19. Jh. ergänzt.

Chemnitz, Schloßkirche (ehem. Benediktinerkirche) – ehem. Nordportal: Das ehemalige Hauptportal befand sich ursprünglich an der Kirchenaußenseite und wurde in Jahren 1973-80 zum Schutz vor Umwelt- und Witterungseinflüssen ins Innere der Chemnitzer Schloßkirche verlegt. Die Astwerk gerahmte und reich mit lebensgroßen Skulpturen gerahmte Schauwand zählt gleichfalls zu den Meisterwerken von Hans Witten, der um 1503 mit der Arbeit begonnen haben dürfte. Vollendet wurde das Portal im Jahre 1525 von Franz Maidburg.

Bautzen, Dom St. Peter – Mittelschiff nach Osten: Der Bautzener Dom entstand im wesentlichen in der zweiten Hälfte des 15. Jahrhunderts. Dem ursprünglich dreischiffigen Langhaus wurde 1456-63 ein viertes Schiff angefügt. Das raumübergreifende Netzgewölbe in der Tradition des Prager Doms wurde 1497 geschlossen. Das Langhaus wird seit 1524 für den evangelischen Gottesdienst genutzt; der asymmetrisch abgeknickte Chor ist den Katholiken vorbehalten.

Zwickau, Dom St. Marien – Blick durch das Langhaus: Der Diagonalblick von der Empore offenbart die Einheitlichkeit und Weitläufigkeit des 1506-37 errichteten Raumes. Da die Pfeiler – schmale queroblonge Joche bildend – und sehr dicht beieinander stehen, besitzt das Zwickauer Langhaus dennoch nicht die Offenheit etwa der Schneeberger Wolfgangkirche. Die hier entwickelte Form des Gewölbeansatzes war schulbildend.

In dem Maße, in dem immer mehr vegetabile Elemente Eingang in die Bauplastik fanden, wurde auch die Ausmalung der Kirchenräume allmählich von pflanzlichen Motiven bestimmt. Auf den Gewölbekappen „fast aller nach der Leipziger Thomaskirche entstandenen Kirchen der westsächsischen Gruppe finden sich Ranken und botanisch bestimmbare Blumen und Früchte (Kamille, Distel, Kornblume, Klee, Lilie, Margarite, Wegwarte, Königskerze, Wein, Apfel u. a.; Magirius). Im Gegensatz zu den Bauten der Hochgotik, bei denen die Blattwerkkapitelle, -konsolen und Tympani mehr oder weniger nur dekorative Zierformen waren, wurde nun die Architektur selbst zum pflanzlichen Gebilde. Die sich wie Zweige scheinbar zufällig in unterschiedlicher Höhe aus den Pfeilern entwickelnden Rippen münden in Gewölbe, deren geschwungenes Formenspiel unwillkürlich an das Blätterdach eines Waldes erinnert.

Eine ähnliche Raumaufteilung wie der Freiberger Dom zeigt auch das Langhaus der 1760 durch das Bombardement Friedrichs II. von Preußen zerstörten 1492-99 errichteten Dresdener Kreuzkirche, an deren Stelle sich heute ein spätbarocker Nachfolgebau erhebt. Wie in Freiberg war der sterngewölbte Raum durch etwa gleich breite Schiffe und annähernd quadratische Joche geprägt. Anders als dort baute man die Emporen in Dresden nur an die Seitenschiffe und das Turmmassivs und gestattete somit den Einblick in den älteren Saalchor.

Ebenfalls noch ins ausklingende 15. Jh. fiel die Erweiterung des Bautzener Domes. Nachdem man das ursprünglich dreischiffige Langhaus bereits seit 1463 auf der Südseite um ein viertes Schiff erweitert hatte, erhielt der Bau von 1492-97 seinen mit Rücksicht auf die umgebende Bebauung mit einem Knick ansetzenden Umgangschor und die Netzwölbung, deren Schöpfer zwar nicht überliefert ist, das aber unübersehbar in Parlerisch-Pflügerscher Tradition steht. Die Oktogonpfeiler von denen es getragen wird haben noch keine gekehlten Flächen.

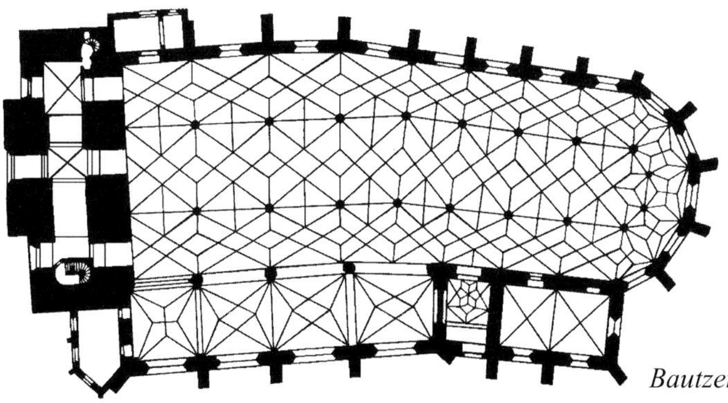

Bautzen, Dom St. Peter

Wenngleich häufig geschrieben wurde, der Freiberger Dom sei das unmittelbare Vorbild für das Langhaus der Zwickauer Marienkirche gewesen, gibt es zwischen diesen Bauten doch grundlegende Unterschiede, wie etwa die Tatsache, daß die nur teilweise eingezogenen Strebepfeiler in Zwickau am Außenbau noch deutlich in Erscheinung treten. Im Gegensatz zu den vergleichsweise nüchternen Fronten des Freiberger Doms besitzt vor allem die Nordseite der Zwickauer Kirche, an der sich auch das auf Seite 73 beschriebene Portal befindet, eine üppig verzierte Schmuckfassade in der Art der Nürnberger Sebalduskirche. In der reichen Gestaltung mit plastischem Maßwerkschmuck zeigt sich das Bestreben, die Ausbildung ungegliederter Wandflächen zu vermeiden. Im 19. Jh. wurde diese Schaufront stark verändert und u. a. um die Statuen in den Strebepfeilernischen ergänzt. Auch die Figuren an der Westseite des Baus – z. B. die „Törichten Jungfrauen" – entstammen ausnahmslos dem 19. Jh.. In der Übersicht der erzgebirgischen Bauten fällt auf, daß der von Gerstenberg als konstitutives Wesensmerkmal sondergotischer Kirchen genannte Einzug des Strebewerkes in Obersachsen nur bei einem

Annaberg-Buchholz, St. Annen – Mittelschiff nach Osten: Der Gegensatz zwischen dem kargen Äußeren und dem prachtvollen Innenraum der Annenkirche könnte größer kaum sein. Der auf Peter von Pirna und Konrad Pflüger zurückgehende Grundriß erscheint gegenüber dem Freiberger Dom noch konservativ. Das Mittelschiff ist deutlich dominant, durch die querrechteckige Jochform sind die Pfeiler dichter zusammengerückt und die Apsiden treten wieder als Ostabschlüsse in Erscheinung. Der Bau ist reich mit bauplastischem Schmuck wie der „Schönen Tür" von Hans Witten oder den Emporenbrüstungen von Franz Maidburg ausgestattet.

Annaberg-Buchholz, St. Annen – Ansicht von Südosten: Die größte und wohl bekannteste der erzgebirgischen Hallenkirchen entspricht äußerlich kaum mehr dem überkommenen Bild einer gotischen Pfarrkirche. Auf dekorative, gliedernde Elemente wie Gesimse, Laibungen, Zierfriese usw. wurde bei dem von 1499 bis 1525 errichteten Bau weitgehend verzichtet, und mit Ausnahme des Chorbereichs treten die Strebepfeiler äußerlich nicht mehr in Erscheinung. Das Bruchsteinmauerwerk befand sich bis zur Restaurierung von 1927-28 unter einer Putzschicht.

Seite 79: Annaberg-Buchholz, St. Annen – Gewölbeansicht: Der Raumeindruck der Annenkirche wird maßgeblich bestimmt durch das wohl eindrucksvollste aller spätgotischen Kirchengewölbe in Deutschland. Das sogenannte Schlingrippengewölbe entstand nach Plänen von Jakob Heilmann einem Schüler des böhmischen Baumeisters Benedikt Ried, und die Ähnlichkeit mit den Wölbungen des Wladislawsaals und des böhmischen Landtags in der Prager Burg oder der Barbarakirche in Kuttenberg (Kutna Horá) ist unverkennbar. Die Gewölberippen entwickeln sich scheinbar zufällig wie das Geäst eines Baumes in unterschiedlicher Höhe aus den Pfeilern.

einzigen Bau, nämlich in Annaberg, anzutreffen ist. Bei den meisten ist es nur teilweise nach innen gezogen, und bei der Pirnaer Marienkirche sind die Strebepfeiler sogar völlig den Außenwänden vorgestellt.

Ungeachtet der vereinheitlichenden Fassaden- und Gewölbegestaltung des 16. Jahrhunderts ist auch heute noch unschwer zu erkennen, daß die Zwikkauer Marienkirche in mehreren Phasen entstanden ist. Der vom Langhaus durch einen triumphbogenförmigen Einschnitt abgesetzte, 1453-70 errichtete Chor ist etwa 50 Jahre älter als dieses. Er erhielt seine heutige Wölbung jedoch erst nach Vollendung des 1505-37 erbauten Langhauses. Chorgewölbe und -pfeiler entstanden 1563-65 nach Plänen von Philipp und Nickel Hofmann. Nickel Hofmann war zuvor (1530-54) schon mit der Wölbung der Hallenser Marktkirche betraut worden. Wenngleich im Dehio die Vermutung ausgesprochen wird, daß der Chor zuvor als Umgangschor angelegt war, so erscheint dies angesichts der ungewöhnlichen Brechungsverhältnisse der Außenwand (5/15!) zumindest zweifelhaft. Während die Seitenschiffe im Chor durch die nachträgliche Angleichung der Pfeilerstellung an das Langhaus deutlich schmaler sind als das Mittelschiff, haben sie im Langhaus etwa die gleiche Breite wie dieses. Dennoch hat man sich gegenüber Freiberg in mehrfacher Hinsicht wieder deutlich vom „angestrebten Ideal" des richtungslosen Einheitsraumes entfernt. Durch die schmalen queroblongen Joche rükken die wesentlich kräftigeren Pfeiler wieder dichter zusammen und bilden einen optischen Paravant, der die Blicke unwillkürlich zum Sanktuarium lenkt. Die Empore wird im Chor unterbrochen, der, obgleich seine Umfassungsmauer gegenüber den tradierten Konstruktionen merklich abgeflacht ist, in der Hauptansicht wie ein polygonaler Saalchor oder wie das mittlere Polygon einer triapsidialen Anlage wahrgenommen wird. Das architektonisch bemerkenswerteste Element des Innenraums ist die – vermutlich von Jakob Heilmann entworfene – doppelläufige Wendeltreppe im südlichen Seitenschiff, die auf zwei separaten Stiegen gleichzeitig den Zugang zur Empore und zum Dachboden ermöglicht. Sie zeigt bereits die parallelogrammförmigen Fensteröffnungen, die ein charakteristisches Kennzeichen der meisten Renaissancetreppenhäuser sind.

Das Netzmuster des Gewölbes weist – wenngleich in der Komplexität erheblich gesteigert – noch weitgehende Übereinstimmungen mit dem der Görlitzer Peter-und-Paulskirche auf. Für das auch in Freiberg formal noch nicht völlig gelöste Zusammenspiel von Pfeiler und Wölbung wurde in Zwickau erstmals eine verbindliche, von den wichtigsten Folgebauten adaptierte Lösung gefunden. Die Gesamtwölbung erscheint hier als eingeebnete, tonnenförmige Fläche, die sich in flachen Trichtern zu den Achteckpfeilern herabsenkt.

Selbst der Triumphbogen ist beinahe rundbogig. Die Rippen entwickeln sich ansatzlos als schmale Grate in unterschiedlicher Höhe sowohl aus den Flächen als auch aus den Kanten der Pfeiler, und deren sichtbare Teile wachsen, diese scheinbar durchstoßend, in die Gewölbekappen hinein. Die Zwickauer Empore ruht ebenso wie die in Freiberg und in den meisten bedeutenden zeitgenössischen Bauten in Sachsen und anderenorts (Schneeberg, Brüx, Zweibrücken, Königswiesen u. a.) auf Rundbögen. Ihr aller Vorbild, die Empore der Amberger Martinskirche, wird noch von Spitzbögen getragen. Tatsächlich besteht in dieser Zeit die Tendenz, daß die Profile der Spitzbögen ebenso wie die Gewölbescheitel abflachen und sich dem Rundbogen annähern. Am deutlichsten ist diese Entwicklung an den Fenstern zu erkennen, die in Annaberg, Pirna und Schneeberg beinahe und in Chemnitz oder Marienberg völlig rundbogig sind. Auch die Portale schlossen sich dieser Entwicklung an.

Auch wenn die häufig zum Prototyp spätgotischen sächsischen Kirchenbaus erklärte St. Annenkirche in Annaberg keinesfalls in allen Belangen dem vermeintlichen „Idealbild“ entspricht, ist sie doch zweifellos der künstlerisch ausgereifteste Exponent dieses Genres. Die flächenmäßig größte der erzgebirgischen Hallen wurde 1499 zunächst nach Plänen von Konrad Pflüger be-

Annaberg-Buchholz, St. Annen

gonnen. Da der Bau im zeitlichen Gleichklang mit der umgebenden, nach der Entdeckung der Erzgänge im Schreckenberg 1496 gegründeten Stadt entstand, brauchte man keinerlei Rücksichten auf die Grundmauern eventueller Vorgängerbauten zu nehmen. Pflüger entschied sich für eine triapsidiale Anlage.

Da der Grundriß des dreischiffigen, von zwölf Pfeilern getragenen Baus wohl noch vollständig auf Pflüger zurückgeht, sind die aus diesem resultierenden Neuerungen, wie der vollständige Einzug der seitlichen Strebepfeiler

Pirna, St. Marien – Blick von der Südempore nach Nordosten: Die Pirnaer Marienkirche wurde von 1502-46 von Peter von Pirna errichtet. Das Bild läßt erahnen, was Kurt Gerstenberg mit der Aussage: „Der typisch sondergotische Blick geht von der Empore quer durch den Raum“ meinte. Ein entscheidendes Merkmal der „Erzgebirgshallen“ ist ihre „Richtungslosigkeit“, die Aufhebung der einseitigen Ausrichtung zum Chor, die Gleichwertigkeit der verschiedenen Schiffe und Joche sowie die Raumvereinheitlichung durch ein alles überspannendes einheitliches Gewölbe.

Chemnitz, Schloßkirche (ehem. Benediktinerkirche) – Innenraum nach Westen: Die Chemnitzer Schloßkirche verdankt ihr heutiges Erscheinungsbild wesentlich den Bauarbeiten der Jahre 1514-26. Ihr Grundriß ist jedoch noch durch den romanischen Vorgängerbau geprägt, von dem sich Teile der Umfassungsmauern sowie die Nebenapsiden erhalten haben. Das Gewölbe zeigt ein durch die Annaberger Annenkirche inspiriertes Schlingrippenmuster, erreicht jedoch nicht die spielerische Eleganz des Vorbildes.

Pirna, St. Marien – Gewölbeansicht: Die von schlanken Oktogonpfeilern getragene 1546 von Peter von Pirna vollendete Wölbung zeigt zwar noch eine vergleichsweise konventionelle Musterung, zählt aber durch seine Engmaschigkeit und die Konsequenz der Raumvereinheitlichung zu den eindrucksvollsten Konstruktionen ihrer Art. Schiff- und Jochgrenzen sind vollständig aufgehoben.

Pirna, St. Marien – Freirippen: Im südlichen Chorpolygon befinden sich eine „Hobelspanrippe“ sowie die zwei abgebildeten Freirippen, die demonstrativ den Charakter des Gewölbes veranschaulichen. Indem sie sich aus der Wölbung herauslösen und sich frei durch den Raum winden, offenbaren sie ihren Charakter als funktionslose, rein ästhetisches Gebilde. Die Gewölberippen haben ihre statische Aufgabe eingebüßt. Die reich selbsttragenden spätgotischen Tonnen haben sich als dekoratives künstlerisches Ausstattungselement verselbstständigt.

und die entsprechend eingeebneten Fassaden, die merkwürdig separierte Stellung des Turmes oder die auffällige Schrägstellung der Westfront, auch von vornherein von ihm angelegt worden. In Anbetracht der vollkommenen Symmetrie des übrigen Baus ist davon auszugehen, daß es sich vor allem bei diesem Phänomen um einen absichtsvollen Bruch mit der Tradition handelt, der im Zusammenhang mit der angestrebten „Richtungslosigkeit" des Raumes und dem Bedeutungsverlust der Westfassade zu sehen ist. Auch die zwischen die Strebepfeiler gefügten, im Chor unterbrochenen Emporen hat bereits Pflüger projektiert.

1508 trat Peter Ulrich von Pirna, der Hauptbauleiter der Pirnaer Marienkirche und der Lommatzscher Stadtpfarrkirche, die Nachfolge von Konrad Pflüger an. Unter seiner bis 1513 währenden Leitung wurden das Umfassungsmauerwerk bis zur Traufhöhe sowie die quadratischen Turmgeschosse aufgeführt. Auch die Wölbungen der Emporen entstanden wohl noch nach Plänen Peter Ulrichs. Der Kirchenraum verdankt sein Erscheinungsbild jedoch in der Hauptsache dem ab 1515 tätigen Jakob Heilmann von Schweinfurt, einem Schüler des Benedikt Ried. Er ist vor allem der Schöpfer des von 1517-20 geschaffenen grandiosen Schlingrippengewölbes, dem vielleicht genialsten Werk spätgotischen deutschen Gewölbebaus. Von Heilmann stammen auch die beiden dreiseitig schließenden und wie Seitenchöre erscheinenden Sakristeien, die sich oberhalb des Emporenniveaus zu den Seitenschiffen hin öffnen und in denen sich die Reliquien der vormaligen Wallfahrtskirche befinden.

Das Äußere der Annenkirche ist denkbar reduziert. Vor allem die Fronten der Seitenschiffe entbehren nahezu jeglicher Gliederung. Die Fenster sind von unprofilierten Laibungen eingefaßt und ruhen auf schrägen Kaffgesimsen. Lediglich der Chor wirkt durch die vorgeblendeten, dreifach gestuften Strebepfeiler etwas lebhafter. Der am Südwestende des Baus stehende, halb eingezogene wuchtige Turm mit der noch genutzten Türmerwohnung in dem 1532 vollendeten Oktogon, zeigt das schmucklose Erscheinungsbild spätgotischer sächsischer Kirchtürme. Die heutige Natursteinfassade der Kirche ist ein Ergebnis der Restaurierungsarbeiten von 1927/28; ursprünglich befanden sich die groben Quader unter einer Putzschicht.

Ein stärkerer Gegensatz als der zwischen dem kargen Außenbau der Annenkirche und ihrem überwältigenden Inneren ist kaum vorstellbar. Das Konstruktionsschema des die Erscheinung des Raumes prägenden Schlingrippen-(Schleifenster)gewölbes orientiert sich zumindest im Mittelschiff weitgehend am Modell der Kuttenberger Barbarakirche (Böhmen), bietet jedoch in den Seitenschiffen eine ausgereiftere Lösung. nirgendswo in Sachsen tritt das vegetabile Gestaltungselement in der spätgotischen Architektur so unmittelbar entgegen wie in diesem in ständiger Bewegung begriffenen Formenspiel der sich gegenseitig auf gewundenen Bahnen durchdringenden, scheinbar im Nichts verschwindenden und unvermittelt wieder auftauchenden Gewölberippen, die sich zu phantastischen Blütenformen entwickeln und in üppigen teilweise von Hans Witten geschaffenen Schlußsteinen kulminieren. Trotz der Lebendigkeit des Gesamteindrucks besteht die Wölbung in der Hauptsache nur aus zwei jeweils siebenfach wiederholten Grundmotiven, die in perfektem Rapport ineinandergepaßt sind. Die meisterhafte technische Beherrschung des Materials zeigt sich in virtuos spielerischen Details wie dem wohl durch die Wölbung der südlichen Portalvorhalle des Veitsdomes inspirierten hängenden Schlußstein in der südlichen Sakristei, den menschliche Köpfe darstellenden Konsolen oder den sich aus den Gewölberippen entwickelnden Heiligenfiguren in den Seitenschiffen.

Den aus mehr als hundert steinernen Reliefs bestehenden Zyklus mit Darstellungen biblischer Szenen auf den Brüstungen der Emporen schuf Franz Maidburg in den Jahren 1520-22. Von Maidburg stammt auch das 1518 entstandene, gleichfalls mit Reliefs verzierte Portal an der alten Sakristei, das als erste bildhauerische Renaissanceschöpfung Sachsens gilt. Das künstlerische Prunkstück der Kirche ist jedoch die 1512 von Hans Witten geschaffene sogenannte „Schöne Tür". Sie befand sich ursprünglich in der zeitgleich mit der Annenkirche erbauten Annaberger Franziskanerkirche und wurde, nachdem diese baufällig geworden war, 1577 an ihren heutigen Standort im nördlichen Seitenschiff der Annenkirche verlegt. Da auch das albertinische Sachsen seit 1539 protestantisch war, mußten, wie in den Quellen zu lesen ist, „einige abgöttische Bilder daran geändert werden". Im Zentrum des Kielbogenwimpergs oberhalb des Portals steht der beiderseits von Engeln flankierte Gnadenstuhl. Etwas tiefer, in den Nischen beiderseits des Türbogens sieht man die betende Jungfrau Maria und den Heiligen Franziskus. Die auf dem Abschlußgesims befindlichen Darstellungen von Adam, Eva, Moses und Johannes dem Täufer wurden 1577 zwecks Anpassung an die protestantische Liturgie hinzugefügt. Das einzigartige Meisterwerk präsentiert sich heute in der polychromen Fassung von 1884, die dem ursprünglichen Aussehen angenähert ist.

An der St. Annenkirche vollzog sich auch ein tiefgreifender Bruch mit den Bautraditionen des Mittelalters. Jakob Heilmann konnte sich im „Annaberger Hüttenstreit" 1518 gemeinsam mit Benedikt Ried gegen die für die sächsischen Kirchenbauprojekte zuständige Magdeburger Bauhütte durchsetzen und entgegen der alten Zunftordnung das Recht erkämpfen, auch Steinmetzen und Bildhauer beschäftigen zu können, die nicht in einer Bauhütte ausgebildet worden waren

Schneeberg, St. Maria und St. Wolfgang – Blick von Südosten: Das Erscheinungsbild Schneebergs hat sich nach Süden hin in den letzten Jahrhunderten nur wenig verändert. Die Silhouette der alten Bergbaustadt wird noch immer durch die auf dem höchsten Punkt errichtete, weit in die umliegenden Erzgebirgstäler hineingrüßende Wolfgangkirche beherrscht. Das Äußere der 1515-40 von Hans von Torgau, Fabian Lobwasser und Wolff Riediger errichteten Kirche ist ähnlich schlicht wie das der Annaberger St. Annenkirche, wird jedoch durch flache Strebepfeilervorlagen gegliedert.

Geithain, St. Nikolai – Blick von der Empore nach Südosten: Zwischen einer spätromanischen Doppelturmfront und einem Saalchor aus dem 14. Jh. befindet sich heute ein dreischiffiges, fünfjochiges Langhaus mit dessen Errichtung im Jahre 1504 begonnen wurde. Die kühn überstabten Gewölbeansätze am oberen Abschluß der Pfeiler zeigen, daß die hier projektierte Wölbung ihre sächsischen und böhmischen Vorbilder vielleicht noch übertroffen hätte – wenn sie zur Vollendung gelangt wäre. Nachdem die Pläne aufgegeben worden waren, schloß man den Raum mit einer 1494-95 von Andreas Schilling aus Freiberg bemalten flachen Holzdecke.

Schneeberg, St. Maria und St. Wolfgang – Blick von der Empore nach Nordosten: Obgleich die Schneeberger Wolfgangkirche im Vergleich mit Annaberg eher nüchtern erscheint, gilt sie gemeinhin als Vollendung und Prototyp der obersächsischen Hallenkirchenarchitektur. Nirgendswo sonst in Sachsen ist der offene „richtungslose“ Einheitsraum so konsequent verwirklicht wie hier. Die drei Schiffe sind gleich breit, die Joche ausnahmslos quadratisch, die Empore umfaßt den gesamten Raum, und der Ostabschluß wird als Sanktuarium nicht mehr architektonisch hervorgehoben.

Schneeberg, St. Maria und St. Wolfgang – Gewölbeansicht: In Schneeberg ist geometrische Sachlichkeit an die Stelle der vegetabilen Verspieltheit der Annaberger Wölbung getreten. Dafür tritt die konstruktive Eigenart der Raumdecke um so deutlicher hervor. Das Sterngewölbe bildet hier eine weitgehend eingeebnete Fläche, deren Rippen keinerlei statische Funktion mehr haben. Zwischen Mittel- und Seitenschiffen findet keine Unterscheidung mehr statt.

Im böhmischen Brüx (Most) hatte Heilmann ab 1517 Gelegenheit, die neue Pfarrkirche St. Mariä-Himmelfahrt nahezu vollständig nach seinen Vorstellungen erbauen zu können.

Mehr als andere spätgotische Kirchen Sachsens ist die seit 1484 spätgotisch neugestaltete ehemalige Chemnitzer Benediktinerkirche (Schloßkirche) durch den Formenschatz der Annaberger Annenkirche beeinflußt. Da der Kirchengrundriß wesentlich durch die verschiedenen Vorgängerbauten bestimmt ist, trifft man hier noch auf ein Querschiff und ein im Kern frühgotisches 5/8-Chorpolygon. Auch die Tatsache, daß das Mittelschiff fast doppelt so breit ist wie die Seitenschiffe, erklärt sich durch die Verwendung der Fundamente einer romanischen Basilika. Ihr heutiges Aussehen verdankt die Schloßkirche in der Hauptsache den Jahren zwischen 1514 und 1526, als wahrscheinlich unter der Leitung des Baumeisters Andreas Günthers das Querschiff um- und das Langhaus neugebaut wurden. Das Gewölbe zeigt ähnliche Schlingenkonfigurationen wie in Annaberg, erscheint aber gegenüber diesem etwas vergröbert. Die vergleichsweise kräftigen, zweifach gekehlten Rippen laufen in die konkav genischten Oktogonpfeiler, ohne sich zu verjüngen, und den eher eckig wirkenden Gewölbeschwüngen fehlt die Leichtigkeit des Vorbildes. Eine Empore befindet sich nur im nördlichen Seitenschiff, in dem die Strebepfeiler teilweise eingezogen sind. Das schon beschriebene Nordportal von Hans Witten wurde 1975 aus denkmalpflegerischen Gründen ins Kircheninnere verlegt.

Die in der zeitlichen Abfolge nächste unter den großen erzgebirgischen Hallen ist die laut den Inventaren entweder 1502 oder 1504 begonnene Pirnaer Marienkirche. Über die Pirnaer Kirche hat Gerstenberg geschrieben, daß „man zwar eine so klare Ausprägung des sondergotischen Gedankens wie in Annaberg vermissen wird, sich aber Punkte aufweisen lassen, in denen sie hinsichtlich der Raumvereinheitlichung noch über Annaberg hinausgeht“. Gemeint ist damit, daß die Pirnaer Kirche keine eingezogenen Strebepfeiler besitzt, und die Emporen in der ursprünglichen Konzeption nicht vorgesehen waren. Sie wurden im Norden und Westen um 1570 und im Süden erst 1890 hinzugefügt. Doch sind die Schiffe in der Breite weitgehend angeglichen, und der triapsidiale Chor wirkt gegenüber Annaberg infolge der nur zweiseitigen Nebenapsiden stark verkümmert und eingeebnet. Auch fällt auf, daß sich die Maße der Mittelschiffjoche in Pirna wieder deutlich vom Quadrat entfernt haben. Das 1540-43 entstandene Gewölbe beeindruckt durch seine feinmaschigen Netzrippen, zeigt aber im Vergleich mit Annaberg noch konservative Formen. Über seinen Schöpfer herrscht keine Klarheit; in den Inventaren von 1929 äußert Bachmann jedoch die Vermutung, daß der Steinmetz Markus Ribisch aus Dresden nach dem Tode Peters von Pirna 1513 die Bauleitung übernommen haben könnte. Während sich die Mittelschiffwölbung letztlich noch am Modell der Leipziger Thomaskirche orientiert, findet man in den Seitenschiffen eine Abfolge einfacher Gewölbesterne. Auch die für den Übergang Pfeiler-Gewölbe gefundene Lösung wirkt, obgleich künstlerisch überzeugend, doch eher schematisch. Indem alle Gewölberippen in gleicher Höhe und Stärke ansetzen, entfernt man sich hier wieder von der in Zwickau entwickelten „vegetabilen“ Gestaltungsweise. Dennoch gibt es in Pirna Details, die den rein dekorativen Charakter der Wölbung noch deutlicher zur Schau stellen als die Schleifensterne der Annaberger Wölbung. Neben den erwähnten Freirippen mit den daran emporkletternden „Wilden Männern und Frauen“ findet man in der südlichen Nebenapsis eine „Hobelspanrippe“ und zwei „Schleifenrippen“, die sich aus den Wanddiensten entwickelnd, frei durch den Raum winden und in die Gewölberippen einmünden. Wie die Annaberger besitzt auch die Pirnaer Kirche auf der Nordseite eine Sakristei mit einem darüberliegenden, zum Schiff hin geöffneten „Kleinen Chor“. Das bereits 1516 vollendete Gewölbe der Sakristei zeigt ähnliche Schlingenformationen wie die Bauten Benedikt Rieds und Jakob Heilmanns.

Der aus Elbsandstein bestehende Bau entspricht mit seinen vorgesetzten, gestuften Strebepfeilern, den von profilierten Fassungen gerahmten reichen Maßwerkfenstern, dem triapsidialen Abschluß und seinem in Firsthöhe zum Zwölfeck übergeleiteten Turm, noch eher dem tradierten Bild einer gotischen Halle als die Annaberger Kirche. Die vollkommen ungegliederte Westfront läßt jedoch deutlich erkennen, welcher Epoche der Bau entstammt. Die Asymmetrie der Nordwand rührt daher, daß die Fundamente der drei östlichen Joche noch von der Vorgängerkirche stammen. Bauplastische Details wie die Überstabungen der kielbogigen Tür zum Treppenturm an der Südseite zeigen die auch an einigen spätgotischen Pirnaer Bürgerhäusern verbreitete Formensprache Arnolds von Westfalen.

Hinter der romanischen Doppelturmfront der Geithainer Nikolaikirche befindet sich heute das dreischiffige Langhaus einer seit 1504 errichteten spätgotischen fünfjochigen Halle, deren 5/8-Chor noch dem 14. Jh. entstammt. Da die Grundrißgestaltung wie in Chemnitz durch den Vorgängerbau vorgegeben war, findet man auch hier keine sondergotischen „Idealmaße“. Dennoch hätte zumindest die Wölbung der Kirche an das offensichtlich zum Vorbild genommene Annaberger Modell heranreichen können – so sie denn vollendet worden wäre. Aus nicht bekannten, wohl wirtschaftlichen Gründen kamen die Arbeiten jedoch zum Stillstand und wurden erst im letzten Jahrzehnt des 16. Jahrhunderts wieder aufgenommen. In spätgotischer Zeit

Marienberg, St. Marien – Gesamtansicht von Süden: Obgleich erst 1558-64 entstanden, präsentiert sich die Marienberger Hauptpfarrkirche äußerlich noch als ein rein gotischer Bau. Während zur gleichen Zeit in Sachsen die Renaissanceschlösser in Torgau, Dresden und Augustusburg entstanden, orientierte sich die Sakralarchitektur weiterhin an den Formen des Mittelalters. Der Innenraum wurde nach einem Brand in den Jahren 1669-75 erneuert.

Plauen, St. Johannes – Mittelschiff nach Osten: Die Plauener Johanneskirche erhielt nach einem Brand 1548 ein neues Langhaus zwischen der romanischen Doppelturmfassade von 1230 und dem Chor aus dem 14. Jh. Der niedrige Hallenraum zeigt – obgleich nach Maßgabe seiner Entstehungszeit eigentlich ein Renaissancebau – noch die wesentlichen stilistischen Komponenten der spätgotischen obersächsischen Hallen, wirkt jedoch in den Einzelformen eher grob und schematisch.

Kamenz, Franziskanerkirche – Innenraum nach Osten: Die von 1493 bis 1507 errichtete Kamenzer Franziskanerkirche ist eine der wenigen neu erbauten Klosterkirchen der ausklingenden Spätgotik. Wenngleich sie im architektonischen Grundaufbau (turmloses dreijochiges Langhaus mit abgesetztem polygonalem Saalchor) noch dem tradierten Muster entspricht, orientiert sich das von Achteckpfeilern getragene, raumübergreifende Netzgewölbe an den zeitgenössischen bürgerlichen Pfarrkirchen.

Torgau, Schloß Hartenfels – Schloßkirche: Die Torgauer Schloßkirche entstand 1553 bis 1554 nach Plänen von Nikolaus Gromann. Der von Martin Luther geweihte Bau wurde zum Prototyp der ersten Generation protestantischer Sakralbauten. Auch die Nachfolgebauten in Dresden, Schwerin, Berlin, Augustusburg u. a. sind überschaubare Zentralräume, die vollkommen auf die Kanzel und den Prediger hin ausgerichtet sind, um den herum sich die Gemeinde in einer oder mehrerer Emporenreihen versammelt.

gelangten lediglich die Oktogonpfeiler und die Ansätze der Gewölberippen zur Ausführung. Sie tragen heute die Arkaden und die 1594-95 von Andreas Schilling aus Freiberg bemalte flache Renaissancedecke. Die mit Eisenreifen ummantelten und zu Kapitellen „umgedeuteten" Gewölbeansätze zeigen mit ihrem kühn überstabten Rippenprofilen, daß hier Großartiges geplant war.

Es bedarf einiger Phantasie, um den spätgotischen Kern des von 1784-97 nach Plänen von Johann Friedrich Karl Dauthe und Adam Friedrich Oeser im Empirestil umgestalteten Innenraums der Leipziger Nikolaikirche noch zu erkennen. Das Langhaus war ursprünglich ein Bau der „Erzgebirgsschule", der zwischen 1513 und 1526 unter der Leitung von Benedikt Eisenberg entstand. Ihre Wölbung und Grundrißdisposition sind durch die Bauten Konrad Pflügers beeinflußt. Zwar haben die Joche noch eine gleiche queroblonge Form wie diejenigen der benachbarten Thomaskirche, doch sind ihre Seitenschiffe hier erstmalig sogar geringfügig breiter als das Mittelschiff. Während die Chorwölbung heute vollständig von einer stuckverzierten Holzdecke verdeckt ist, beließ man die Rippen des Netzgewölbes im Langhaus als Bestandteil der klassizistischen Kasettendecke. Die Oktogonpfeiler verschwanden hinter ägyptisierenden kannelierten Gipssäulen mit lorbeerbekränzten Kapitellen, aus denen sich stuckierte Palmwedel entwickeln. Das frühklassizistische Interieur ist von so hoher künstlerischer Qualität, daß wohl niemand dem verlorenen mittelalterlichen Erscheinungsbild nachtrauern wird.

Mit der Errichtung der unter dem Gesichtspunkt der Raumvereinheitlichung am weitesten entwickelten obersächsischen Pfarrkirche wurde im Jahre 1515 in Schneeberg begonnen. Die Pfarrkirche St. Maria und St. Wolfgang steht an der Stelle einer 1477 erbauten provisorischen Holzkirche. Der im wesentlichen in elf Jahren unter der Leitung von Hans von Torgau und Fabian Lobwasser geschaffene dreischiffige Bau besteht aus einem fünfjochigen Langhaus und einem aus vier Seiten des Sechzehnecks gebildeten Chor. Vollendet wurde die Kirche erst mit dem Einbau der Emporenbrüstungen durch Wolff Riediger in den Jahren 1536/37.

Die Langhausjoche sind ausnahmslos quadratisch, so das die zehn Achteckpfeiler äquidistant stehen! Der Ostabschluß zeigt zwar ähnliche geometrische Verhältnisse wie der des Zwickauer Doms, erscheint aber infolge der geweiteten Seitenschiffe diesem gegenüber nochmals abgeflacht und wird, da ihn die nicht unterbrochene Empore durchschneidet und entsprechend auch seine Fensterfront in zwei Hälften teilt, kaum mehr als Chorpartie wahrgenommen. Die Tatsache, daß sich unterhalb der Emporen „Vorhangbogenfenster" befinden, ist insofern interessant, als diese von Arnold von Westfalen bei der Albrechtsburg eingeführte Fensterform zwar zum konstitutiven Merk-

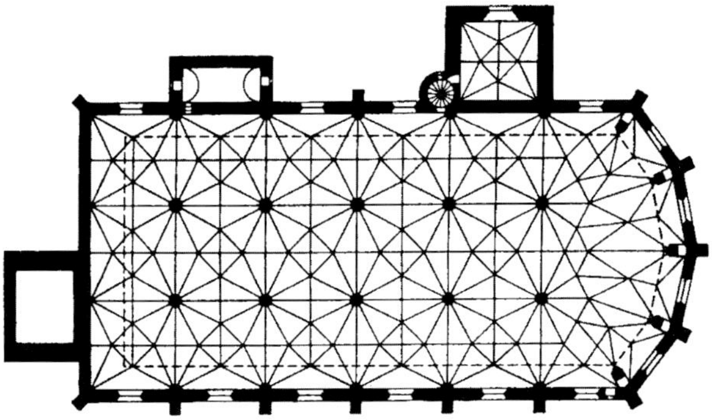

Schneeberg, St. Maria und St. Wolfgang

mal der spätgotischen sächsischen Profanarchitektur wurde, im Kirchenbau jedoch – anders als in Böhmen – kaum auftaucht. Die Fortsetzung der Emporen im Chorraum wird in den Inventaren interessanterweise als eine mit „Rücksicht auf den Predigtgottesdienst getroffene und durch die 1534 erfolgte Einführung der Reformation notwendig gewordene Einrichtung" interpretiert. Dennoch läßt sich gerade in Schneeberg nicht übersehen, daß die Anlage einer umlaufenden Empore hinsichtlich der angestrebten „sondergotischen" Raumwirkung zu einem zwiespältigen Ergebnis führt. Sie sorgt zwar für eine Betonung der Horizontalen, auch büßt der Chorraum durch sie seinen hervorgehobenen Status ein, jedoch bewirkt sie eine optische Verschmälerung der Breite der Seitenschiffe im Verhältnis zum Mittelschiff. Andererseits zeigt die Tatsache, daß z. B. das Mittelschiff der 1529-54 errichteten Marktkirche in Halle (Sachsen-Anhalt), die gemeinhin als einer der am weitesten entwickelten Bauten dieses Genres gilt, mehr als die doppelte Breite der Seitenschiffe einnimmt, daß eine „Gleichwertigkeit" der Schiffe keinesfalls überall beabsichtigt war.

Die Raumwirkung ist in Schneeberg gegenüber Zwickau auch insofern verändert, als anstelle eines Fensters hier ein Strebepfeiler in die Mitte gerückt ist und die Stirnseite des Mittelschiffs somit eines zentralen Blickfangs entbehrt. Diese Form der Übereckstellung gilt seit Peter Parler (Koliner Bartholomäuskirche) und Hans Stethaimer (Landshuter Heiliggeistkirche, Salzburger Franziskanerkirche) als „typisch deutsche" Methode der Raumverunklärung durch Arhythmisierung und Aufhebung des Parallelismus. Der Innenraum wird von einem geschwungenen Sterngewölbe überfangen, das zwar seinen offensichtlich angestrebten Zweck der Raumvereinheitlichung erfüllt, jedoch baukünstlerisch mit den Schöpfungen in Annaberg, Pirna und anderen nicht konkurrieren kann und absichtlich (?) eher schematisch erscheint. Bei der Gestaltung der Gewölbeanfänger orientierte man sich nicht an der „vegetabilen"

Meißen, Albrechtsburg – Gesamtansicht von Osten: Die 1471 von Arnold von Westfalen begonnene und 1489 vollendete Meißener Albrechtsburg bildet gemeinsam mit dem Dom und der Bischofsburg eines der eindrucksvollsten Architekturensembles des Spätmittelalters. Mit der tradierten Burgenarchitektur hat der von aufwendigen Substruktionen getragene Bau allenfalls noch die exponierte Lage gemein. Die großen Fensteröffnungen und der völlige Verzicht auf Befestigungsanlagen lassen erkennen, warum die Albrechtsburg häufig als der erste Schloßbau in Deutschland bezeichnet wird.

Meißen, Albrechtsburg – Großer Saal (Großer Kirchensaal): Der im ersten Obergeschoß gelegene Saal gehört zu den Räumen, die nach Plänen Arnolds von Westfalen entstanden. Das prägende Element der Innenräume der Albrechtsburg sind die hier erstmals in Sachsens verwendeten Zellengewölbe. Es handelt sich dabei um räumlich gestaltete Stern- und Netzgewölbe mit zellenartig vertieften Gewölbekappen. In der Albrechtsburg sind die Rippen nur noch durch die aufgemalte Quaderung angedeutet.

Meißen, Albrechtsburg – Hofseite: An die Stelle schießschartenförmiger Sichtöffnungen sind bei der Albrechtsburg die großen „Vorhangbogenfenster" getreten, die ihre Bezeichnung der ungewöhnlichen Form verdanken und die zu einem weit verbreitetem Stilelement spätgotischer sächsischer Architektur wurden. Der durch französische Vorbilder inspirierte Treppenturm (Großer Wendelstein) zeigt ebenso wie die Ausstattung mit Lukarnen, Schmuckfriesen, Kreuzblumen, Loggien usw., daß der Bau ausschließlich für Repräsentationszwecke vorgesehen war.

Annaberger Variante, die später wieder in Halle aufgegriffen wurde, sondern am einfacheren Pirnaer Modell. Der Außenbau der Kirche, der in den Inventaren als schmucklos völlig ungegliedert bezeichnet wird, erscheint, da die Strebepfeiler nur teilweise eingezogen sind, nicht so geglättet wie der der Annaberger Annenkirche. Da in Schneeberg 1534 die Reformation eingeführt wurde, war die Wolfgangkirche bereits seit ihrer Weihe ein protestantisches Gotteshaus.

Der letzte bedeutende und erwähnenswerte Kirchenneubau im obersächsischen Bergland ist die Marienkirche im 1521 als Tochtergemeinde von Annaberg gegründeten Marienberg. Da das Kirchenschiff 1610 einem Brand zum Opfer fiel, haben sich von der ursprünglichen Bausubstanz nur noch der Turm und die Außenmauern erhalten, von denen schon Richard Steche sagte, daß sie „ernst, nüchtern und schmucklos" seien und sich von denen der Annaberger Annenkirche nur „durch die sorgfältigere Ausführung" unterschieden. Im Unterschied zu dieser schließt die Marienberger Kirche jedoch nicht triapsidial, sondern mit einem 7/12-Polygon, und die Strebepfeiler sind nur teilweise eingezogen. Der Turm steht in der Mittelachse, und die durch ungewöhnliche geschwungene Maßwerkformen gegliederten Fenster sind rundbogig! Die Raumaufteilung im Inneren entspricht im wesentlichen der der Pfarrkirchen in Brüx und in Schneeberg. Die Schiffe haben jeweils die gleiche Breite, die Joche sind quadratisch, und die Empore wird im Chor nicht unterbrochen. Über das vormalige Erscheinungsbild des Innenraums kann nur spekuliert werden. Die erhaltenen Gewölbe in der Vorhalle und der Sakristei mit ihren z. T. skurrilen Einzelformen lassen aber darauf schließen, daß die Kirchenschiffe stilistisch stark durch die Annaberger Annenkirche beeinflußt waren. Die meisten Einzelheiten des Baudekors sind bereits durch die Formensprache der Renaissance geprägt. Seit der Neugestaltung von 1616 wird der Raum von toskanischen Säulen geteilt, die ein flaches Kreuzgratgewölbe tragen.

Auch im späten 15. und frühen 16. Jh. wurden in Sachsen weitere Klosterkirchen verschiedener Orden errichtet oder umgebaut. Die Architektur dieser Bauten orientiert sich vollkommen an den stadtbürgerlichen Pfarrkirchen und nimmt kaum mehr Rücksicht auf monastische Bauvorschriften. Die neuartigen Wölbungsformen finden sich nun auch bei allen bedeutenden Klosterkirchen. Die ab 1485 auf den Fundamenten der spätromanischen Dominikanerkirche neuerrichtete Leipziger Paulinerkirche (Universitätskirche) besaß das vielleicht feinmaschigste Netz- und Sterngewölbe in Sachsen. Sie wurde 1968 auf Anweisung von Walter Ulbricht gesprengt! In der ab 1493 errichteten Kamenzer Franziskanerkirche findet man ein einfaches, nicht durch Scheidbögen geteiltes parlerisches Netzgewölbe, dessen Rippen sich ähnlich wie in Zwickau oder in Annaberg aus den Pfeilern entwickeln. Da jedoch das Gebot der Turmlosigkeit auch in dieser Zeit zumeist befolgt wurde, lassen sich auch die Klosterkirchen jener Spätzeit äußerlich unschwer erkennen.

Der Bau mit dem die mittelalterliche Sakralarchitektur in Sachsen und damit zugleich in Deutschland insgesamt ihren stilgeschichtlichen Abschluß findet, – auch wenn in der chronologischen Übersicht noch einige Nachzügler folgen – ist die Torgauer Schloßkirche. Sie entstand nach Plänen von Nikolaus Grohmann wohl innerhalb nur eines Jahres (1543-44) und wurde von Martin Luther, der sich an Planung und Bau selbst beteiligt hatte, als gleichsam „erste protestantische Kirche“ geweiht. Der mit ihr vorgestellte Kirchenbautyp entwickelte sich zu einem Modell vor allem für die protestantischen Länder, aber auch darüber hinaus. Neben überwiegend noch spätgotisch beeinflußten Nachfolgebauten, wie den Schloßkirchen in Schwerin und Berlin, orientierten sich in der Folge auch viele Renaissancebauten wie die Schloßkirchen in Augustusburg, Schmalkalden, Freiberg oder Stuttgart an diesem Typus, und selbst die 1667 geweihte Kapelle des Barockschlosses Neu-Augustusburg in Weißenfels zeigt im Kern den gleichen Aufbau.

Die Torgauer Schloßkirche ist ein dreigeschossiger, rechteckiger Saal, der am Außenbau des Schlosses nicht in Erscheinung tritt. Dies wurde durch den völligen Einzug der Strebepfeiler ermöglicht, die sich – offenbar inspiriert durch die Wittenberger Schloßkirche – über die gesamte Breite der weit ausladenden Emporen erstrecken und von Laufgängen durchzogen werden, so daß der Raumeindruck ein wenig dem einer Halle mit sehr schmalen Seitenschiffen ähnelt. Der Bau erhält sein Licht durch Vorhangbogenfenster, die denen des übrigen Schloßflügels angeglichen wurden. Auf die Ausbildung einer Chorpartie verzichtete man gänzlich. Die Querseiten gestaltete man schlichter aus als die Längsseiten. Die Emporen auf der südlichen Querseite sind nur als schmale Laufgänge ausgebildet und auf der Nordseite nur eingeschossig ausgeführt. Die Decke ist mit einem Netzgewölbe überzogen, dessen schematisches Rippenmuster sich an dem der Schneeberger Wolfgangkirche orientiert. Der eigens für die Anforderungen des evangelischen Predigtgottesdienstes konzipierte Raum wirkte dadurch insgesamt vorbildhaft für den protestantischen Kirchenbau. Die Gemeinde war in den umlaufenden Emporen des überschaubaren Saales – stärker noch als in den spätgotischen Hallen – zu einer Gemeinschaft zusammengefaßt, und die Aufmerksamkeit konzentrierte sich auf die am Mittelpfeiler angebrachte Kanzel. Der Prediger konnte dadurch von allen Plätzen aus gleichermaßen gesehen und vernommen werden.

Torgau, Schloß Hartenfels – Blick über die Elbe von Südosten: Während die Meißener Albrechtsburg zumindest durch ihren Standort noch den Erwartungen an eine mittelalterliche Residenz entspricht, präsentiert sich das im wesentlichen zwischen 1470 und 1623 errichtete Schloß Hartenfels durch Architektur und Lage gleichermaßen als Schloßbau. Lediglich die beiden wuchtigen Rundtürme verleihen dem reich mit Ziergiebeln, Vorhangbogenfenstern, Schmuckfriesen usw. ausgestatteten Bau auf der Elbseite ein eher festungsartiges Aussehen.

Torgau, Schloß Hartenfels – Großer Wendelstein: Der Große Wendelstein bildet das Zentrum des 1533-36 von Konrad Krebs errichteten sogenannten Johann-Friedrich-Baus auf der Ostseite von Schloß Hartenfels. Obschon im Altan noch über Vorhangbogenfenster verfügend, handelt es sich bei dieser wohl faszinierendsten aller deutschen Treppenanlagen bereits um eine Renaissanceschöpfung. Vorbilder waren die Wendeltreppen französischer Schlösser im Loire-Gebiet.

Höfchen, Burg Kriebstein – Blick über die Zschopau: Keine andere Burg in Sachsen entspricht so sehr dem Idealbild mittelalterlicher Burgenromantik, wie das in majestätischer Lage auf steilem Fels über dem tief eingeschnittenen Tal der Zschopau errichtete Schloß Kriebstein bei Höfchen. Gleichwohl datiert auch diese Anlage überwiegend in die Übergangszeit zwischen Spätgotik und Frührenaissance. Ursprünglich auf eine romanische Burg zurückgehend, wurde Schloß Kriebstein im 14. und 15. Jh. u. a. auch von Arnold von Westfalen neu gestaltet. Die Renaissancefenster sind von 1564.

Der Stilwandel

Infolge der günstigen wirtschaftlichen Rahmenbedingungen entfaltete sich die gotische Sakralbaukunst in Sachsen zu einem Zeitpunkt, als die Bauaktivitäten in anderen deutschen Regionen zum Erliegen kamen, zu einer einzigartigen Blüte. Aus der Tatsache, daß der gotische Stil hier einen tatsächlichen Endpunkt fand, erklärt sich das Bestreben mancher Kunsthistoriker, die obersächsische Spätgotik als „letzte Konsequenz" der deutschen Gotik anzusehen, und die nationale Ausprägung dieses Stiles von ihrem Ende her zu erklären. Die Frage, ob es die sächsische Sakralarchitektur vermochte, die Prinzipien mittelalterlichen Bauens zu „überwinden" und eine Überleitung zur Renaissancearchitektur zu schaffen, ist viel diskutiert worden. Grundsätzlich ist festzustellen, daß sich die obersächsischen Stadtkirchen denkbar weit vom Modell der hochgotischen Kathedrale entfernt hatten. Dennoch blieben diese Bauten – anders als die sächsischen Schlösser – bis zuletzt von der Formensprache der Gotik beherrscht. Sucht man selbst nach Vorhangbogenfenstern oder Zellengewölben in den Pfarrkirchen meist vergebens, so blieben Kassettendecken, Kreuzstockfenster oder ähnliches völlig auf die Profanarchitektur beschränkt. Wenn man die gotische Architektur allein durch einen von Frankreich vorgegebenen Gebäudetyp definiert, so sind die obersächsischen Hallen kaum mehr als gotisch zu bezeichnen. Klassifiziert man die Bauten jedoch nach der Formensprache ihres Dekors, so sind auch die Kirchen in Chemnitz, Annaberg, Schneeberg und anderswo noch vollkommen gotisch.

Obschon sich in den weitläufigen Hallen der „Erzgebirgsschule" ein „neuartiges Lebensgefühl" ausdrücken mag, wie Ullmann formulierte, hatten diese Bauten in nachmittelalterlicher Zeit keine Nachfolger, sondern allenfalls nur Nachzügler. Die wenigen „echten" deutschen Renaissancekirchen orientieren sich an anderen Vorbildern. Der Rückgang der Bauaktivitäten war vor allem darauf zurückzuführen, daß nach der Bauwut des 15. Jahrhunderts kaum mehr Bedarf an Kirchenneubauten bestand, und die Sakralarchitektur im 16. Jh. aufgrund der konfessionellen Auseinandersetzungen und der gestärkten Position der Landesfürsten ihre Bedeutung weitgehend einbüßte. Daraus folgte zwangsläufig ein Nachlassen der gestalterischen Innovationskraft. Die Renaissanceepoche hinterließ in Sachsen nur wenige kleinere Kirchenneubauten, machte sich dafür aber um so stärker in der Ausstattung der Kirchen bemerkbar.

Die Raumaufteilung der obersächsischen Emporenhallen spiegelt zweifellos eine „Verbürgerlichung" der Gesellschaft wieder und kam auch dem evangelischen Gottesdienst entgegen. Die norddeutschen Barockkirchen sind ebenfalls durch umlaufende Emporen geprägt. Gleichwohl kann, da dieser

Bautypus auch in Süddeutschland und Österreich verbreitet war, wo die Entwicklung einen ganz anderen Verlauf nahm, kaum davon gesprochen werden, daß sich darin eine „protestantische Gesinnung" ausdrückt.

Ein tatsächlicher Übergang von der Gotik zur Renaissance hat sich an den Schloßkapellen vollzogen. Dies erklärt sich dadurch, daß Kleinräume traditionell immer als Experimentierfeld für neue Bauformen genutzt wurden, und sich die Kapellen naturgemäß an den Vorgaben der umgebenden Renaissanceschlösser orientierten. Karl Heinz Clasen sprach im Zusammenhang mit diesem Architekturgenre 1930 von „einem Weg, der unmittelbar von deutscher Spätgotik zum Barock führt".

Bei den sächsischen Stadtpfarrkirchen ist eine Abwendung von den Prinzipien mittelalterlichen Bauens in dieser Weise nicht zu erkennen und war wohl auch nicht angestrebt. Spätschöpfungen wie die Pfarrkirchen in Marienberg, Plauen oder Lauenstein, die ihre Vollendung erst im ausklingenden 16. Jh. erlebten, zeigen, daß man im Sakralbau noch bis weit in die Renaissanceepoche hinein an den Formen der Spätgotik festhielt. Die deutschen Baumeister, die den gotischen Stil erst mit großer zeitlicher Verzögerung adaptiert hatten, konnten sich am Anbruch der neuen Epoche wiederum nur schwer von ihm trennen.

Burgen und Schlösser

Seit dem späten 15. Jh. verlagerte sich der Schwerpunkt der Bauaktivitäten von der Sakral- hin zur Profanarchitektur. Da die wettinischen Herzöge ein Zehntel der Erlöse aus dem Bergbau für sich beanspruchen konnten und überdies das Monopol auf den Ankauf des geförderten Erzes besaßen, profitierten sie unmittelbar von den Bodenschätzen ihrer Länder. Sie verfügten damit im Vergleich zu den meisten anderen deutschen Landesherren, über erhebliche Mittel und waren in der Lage, sich in kurzer Frist eine große Zahl aufwendiger Residenzen erbauen zu lassen. Daher läßt sich hier – wie kaum irgendwo sonst – der sukzessive Übergang von der Burgen- zur Schlösserarchitektur studieren. Die spätgotischen sächsischen Burgen entstanden ebenso wie die zahlreichen Sakralbauten größtenteils in den 70er Jahren des 15. und der Mitte des 16. Jahrhunderts. Auch alle älteren Bauten wurden in dieser Zeit so durchgreifend erneuert, daß sie auch heute als ein Produkt dieser Epoche erscheinen.

Der Burgen- und Schlösserbau wurde weitgehend von jenen Architekten geprägt, die auch im Kirchenbau führend waren. Der prominenteste Baumei-

Rochsburg, Schloß – Ansicht von Nordwesten: Wenngleich dem Namen nach ein Schloß, entspricht der in eine reizvolle Waldlandschaft eingebettete und von der Zwickauer Mulde umschlungene Bau optisch noch weitgehend den Vorstellungen von einer wehrhaften spätmittelalterlichen Höhenburg. An der Entstehung des überwiegend zwischen 1470 und 1596 entstandenen Schlosses hatte Arnold von Westfalen wesentlichen Anteil. Die wehrhaften Zwinger und Bastionen kontrastieren mit den Frührenaissancefassaden des Hauptbaus.

Stolpen, Veste – Blick vom Johannesturm: Vom obersten Geschoß des 1509 errichteten Johannesturmes geht der Blick über die mächtige, bis 1559 zum Besitz der Meißener Bischöfe gehörende Festung. Die auf einem, das umliegende Gebiet weithin sichtbar dominierenden Basaltkegel errichtete Anlage wurde im 19. Jh. von den abziehenden napoleonischen Truppen in Brand gesteckt. Im Mittelgrund befindet sich der 1560 fertiggestellte Seigerturm, dahinter die Ruine des 1451 bis 1476 erbauten Siebenspitzenturmes, die den westlichen Abschluß der Veste bildet.

Stolpen, Veste – Gerichtssaal im Johannesturm: Im Erdgeschoß des Johannesturms, der im 18. Jh. als Gefängnis der Gräfin Cosel diente und daher auch Coselturm genannt wird, befindet sich der Gerichtssaal. Ungewöhnlich für einen derart wuchtigen Wehrbau ist das schöne Zellengewölbe, das sich durch seine geradezu modellhaft präzise Gestaltung von den vielen häufig grob gearbeiteten Raumdecken dieser Art abhebt.

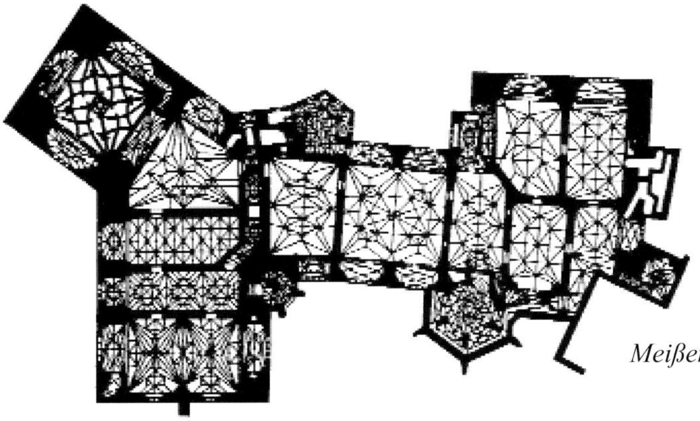

Meißen, Albrechtsburg

ster der sächsischen Spätgotik war der vermutlich in Leipzig geborene Arnold von Westfalen (aus der Familie Westfal). Wenngleich er an einer Reihe weiterer Schlösser und Burgen wie dem Dresdener Stadtschloß, Schloß Torgau, Schloß Kriebstein, Schloß Rochsburg und Burg Tharand beteiligt war, ist sein Hauptwerk doch die im wesentlichen 1471-89 erbaute Meißener Albrechtsburg. Diese gilt als der bedeutendste deutsche Profanbau der Epoche. Heinrich Magirius schreibt, „in Ostmitteldeutschland hat in der Zeit der Spätgotik kein zweiter Bau eine derart breite architekturgeschichtliche Nachfolge gefunden wie die Meißener Albrechtsburg". Bauelemente wie die Zellengewölbe oder die Vorhangbogenfenster „sind über ein halbes Jahrhundert hindurch nachgeahmt und weiterentwickelt worden". Im Unterschied zu den meisten anderen, teilweise von Arnold mitgeschaffenen Bauten, die durch ihre exponierte Lage und ihre trutzige Architektur noch dem Bild einer wehrhaften mittelalterlichen Burg entsprechen, ist bei der Albrechtsburg offenkundig die Repräsentationsfunktion an die Stelle der fortifikatorischen getreten, daß hier vom ersten deutschen Schloßbau gesprochen werden kann. Einzig der durch den Vorgängerbau und den Dom vorgegebene, das Stadtbild beherrschende Standort auf dem steilen Felsen über der Elbe, ist noch eine Reminiszenz an die Tradition mittelalterlicher Festungsarchitektur.

Während die Albrechtsburg nach Westen hin als L-förmiger Zweiflügelbau erscheint, wird sie von der Elbseite aus als ein teils von aufwendigen Substruktionen getragener, stark zergliederter Einzeltrakt mit zahlreichen Vor- und Rücksprüngen, wahrgenommen. Die nicht durch Strebepfeiler geteilten Fassaden zeigen die wesentlichen Gliederungselemente spätgotischer sächsischer Profanbauten. Ihre vielleicht auffälligste Neuerung sind die fast geschoßhohen Fenster – aufgrund ihrer an kunstvoll drapierte Gardinen erinnernden Form Vorhangbogenfenster genannt – die mit den schmalen Lichtöffnungen der Wehrbauten vergangener Tage nichts mehr gemein haben. Sie sind der deutlichste Hinweis auf die neuartige Funktion dieser landesfürstlichen Residenz. Während Vorhangbogenfenster seit den 70er Jahren des 15. Jahrhunderts zu einem unverwechselbarem Merkmal fast aller Profanbauten wurden, fanden sie im Kirchenbau nur selten Verwendung. Weitere für die Architekturentwicklung entscheidende Gestaltungselemente sind die steilen, die Fensterbahnen in den Dachstuhl hinein fortsetzenden Lukarnen, sowie die Hauptschaustücke der Hoffront, die beiden Treppentürme (Wendelsteine). Waren Treppentürme und Lukarnen typische Merkmale der französischen Profangotik (man findet sie etwa bei den Schlössern in Rochepot, Langeais oder dem Palais Jaques-Coeur in Bourges), so handelt es sich bei den Vorhangbogenfenstern um eine originäre Erfindung Arnolds von Westfalen. Er war zugleich der erste deutsche Baumeister, der – damit eine lange Tradition begründend – einen der Fassade vorgelegten Treppenturm errichtete, und die Meißener Wendelsteine sind, wenn auch letztlich auf französische Vorbilder zurückgehend, ganz und gar seine Schöpfung. Vor allem der große Wendelstein fand zu allen Zeiten ungeteilte Bewunderung. In seinem Inneren windet sich die an drei sechseckigen Stäben aufgehängte Treppenspindel um einen hohlen Kern. Getragen wird der Turm von drei Strebepfeilern, zwischen denen die Loggienumgänge liegen, welche die Geschoßgliederung des übrigen Baus aufnehmen, um der Vertikalbewegung der Treppenspindel entgegenzuwirken. Zugänglich sind diese Umgänge über Loggien, die sich zwischen dem Wendelstein und der Nordwand des angrenzenden Domes befinden. Die spitzen Helme der Wendelsteine entstammen dem 19. Jh. Der scheinbare Wendelstein auf der Ostseite des Baus ist nur ein gleichfalls spitzhelmbekrönter Vorsprung, in dessen erstem Obergeschoß die Burgkapelle liegt. Vorbedingung für den symmetrischen Aufbau der Wendelsteine war die einheitliche Geschoßhöhe. Mit ihrer gleichförmigen, den gesamten Bau übergreifenden Etagengliederung zeigt die Albrechtsburg bereits ein typisches Element der kommenden Schlösserarchitektur.

Fast noch bemerkenswerter als das Äußere ist die durch einen unvergleichlichen Reichtum neuartiger bauplastischer Motive gekennzeichnete Gestaltung der Innenräume. Die Glättung der Fassaden wurde durch den Einzug der Strebepfeiler ermöglicht. Wer im Inneren weite, offene Räume erwartet, ist überrascht, wenn er statt dessen tief eingeschnittene Fensternischen zwischen den Strebepfeilern und „höhlenhaft hohe Gewölbe“ (Magirius) entdeckt. Die Gewölbe sind nicht nur von einzigartigem Formenreichtum – fast jeder Raum besitzt ein individuelles Wölbungsmuster – sondern in der Konstruktion auch völlig neuartig. Erstmals in Sachsen und wohl überhaupt in Deutschland

Rochlitz, Blick über die Mulde auf Schloß und Kunigundenkirche: Das Rochlitzer Schloß bildet zusammen mit der Petrikirche und der Altstadt eines der malerischsten spätmittelalterlichen Architekturensembles in Sachsen. Da große Teile der Fundamente sowie die beiden, die Silhouette beherrschenden Türme (die „Jupen") des Rochlitzer Schlosses noch dem 13. Jh. entstammen, vermittelt der Bau – ungeachtet der im späten 15. und frühen 16. Jh. vorgenommenen Neugestaltung – noch weitgehend den Eindruck einer wehrhaften Burganlage. Zwischen 1472 und 1475 leitete Arnold von Westfalen die Bauarbeiten.

Rochlitz, Schloß – Ansicht von Osten: Von dem Portal der größtenteils abgebrochenen Vorburg geht der Blick zum Querhaus, das als Torhaus der Hauptburg dient und ein optisches Gegengewicht zu den „Jupen" am anderen Ende der Anlage bildet. Der wehrhaft erscheinende Gebäudetrakt entstand im späten 15. Jh., enthält aber noch romanische Mauerreste. Die kahlen Wandflächen kontrastieren mit den schönen Vorhangbogenfenstern. Hauptblickfang ist das Polygon der netzgewölbten Schloßkapelle.

Strehla, Schloß – Schloßhof: Auf einem Abhang oberhalb des linken Elbufers entstand im 15. und 16. Jh. der umfangreiche Gebäudekomplex von Schloß Strehla. Die um einen viereckigen Hof herum gebaute Anlage zeigt nach Westen hin mit ihren wuchtigen Türmen noch Elemente mittelalterlicher Festungsarchitektur, präsentiert sich überwiegend jedoch als schloßartiger Repräsentationsbau. Die Hoffassaden zeigen das zeittypische Stilgemisch aus Renaissancefenstern, -portalen und -treppenhäusern und gotischen Staffelgiebeln.

Heynitz, Schloß – Ansicht von Süden: Ungeachtet seiner in das 14. Jh. zurückreichenden Entstehungsgeschichte erscheint das kleine, in einem Tal zu Füßen der Stadt gelegene Heynitzer Schloß heute als homogener spätgotischer Bau. Die durch zweiteilige Vorhangbogenfenster gegliederten, weiß gestrichenen Fassaden werden von steilen Giebeln bekrönt, deren aufgemauerte Rippen dem Formenspiel der Wölbungen Benedikt Rieds und Jakob Heilmanns nachempfunden sind.

begegnen uns hier Zellengewölbe – „zellenförmig“ dreidimensional aufgefaltete Muster ohne flächige Gewölbekappen mit allenfalls angedeuteten Rippen. Einzigartig ist das in dieser extremen Form nie wiederholte Zusammenspiel von Wölbung und Stütze in der Albrechtsburg. Die steilen Gewölbe senken sich fast bis zu den teils auf übereckgestellten Plinthen, teils auf hexagonalen Basen ruhenden Sockeln herab und sind von diesen nur durch kurze, tiefgekehlte Bündelpfeiler mit teilweise schraubenförmigen Diensten getrennt. Glanzstück des ersten Obergeschosses ist der von drei derartigen Stützen getragene monumentale „Große Kirchensaal“ im ersten Obergeschoß. Er bezieht seine Wirkung vor allem aus der Durchdringung der miteinander kontrastierenden Einzelelemente. Selbst die Treppenhäuser beider Wendelsteine sind zellengewölbt!

Die Innenräume des zweiten Obergeschosses wurden erst 1525 von Jakob Heilmann vollendet. Heilmann schuf mit dem „Gerichtssaal“ einen Raum, der sich zwar weitgehend an den stilistischen Vorgaben des 1481 verstorbenen Arnold orientiert, dem „Kirchensaal“ jedoch an Komplexität der Einzelformen und der Raumwirkung nicht gleichkommt.

Südlich des Domes befindet sich das zwischen 1476 und 1518 errichtete Bischofsschloß, ein langgezogener Rechteckbau unter steilem Satteldach, an dessen Ostende sich ein hoher Rundturm – der die Silhouette des Burgbergs prägende „Liebenstein“ – befindet. Die glatten Außenmauern sind lediglich durch Vorhangbogenfenster gegliedert. Vor allem im ersten Obergeschoß haben sich noch Teile des ursprünglichen Zellengewölbes erhalten.

Wenngleich die Albrechtsburg stilistisch bis weit in das 16. Jh. hinein anregend auf die Burgen- und Schlösserarchitektur wirkte, blieb ihr Baukörper naturgemäß ein den topographischen Gegebenheiten geschuldetes Unikat. Da die albertinischen Wettiner ihren Regierungssitz bereits 1485 nach Dresden verlegten und in der Folge vor allem den Ausbau des Dresdener Stadtschlosses betrieben, wurde die Albrechtsburg niemals als Residenz genutzt.

Der Bau, der zugleich Fortsetzung und Abschluß der Entwicklung war, die mit der Meißener Albrechtsburg ihren Ausgang nahm, ist Schloß Hartenfels in Torgau. An ihm finden sich alle stilistischen Nuancen der Architektur am Übergang von der Spätgotik zur Renaissance. Sein ältester Trakt ist der um 1470 begonnene Albrechtsbau im Südwesten des Schlosses, der wohl wiederum ein Werk Arnolds von Westfalen ist. Arnold errichtete am Schloßkirchenflügel im Nordosten des Schlosses auch einen Treppenturm, der im 18. Jh. einem Brand zum Opfer fiel. Dessen mit dem 1538 vollendeten Kleinen Wendelstein abschließender nördlicher Trakt entstand 1482-85 nach Plänen von Konrad Pflüger.

Gegenüber dem Albrechtbau befindet sich der 1544 vollendete Schloßkirchenflügel. In ihm befindet sich außer der Schloßkirche auch die ursprünglich separat stehende Martinskapelle aus dem 14. Jh. Das Bindeglied zwischen dem Albrechtbau und dem Schloßkirchenflügel bildet der 1533-36 von Konrad Krebs, einem der Baumeister des Berliner Stadtschlosses, errichtete Johann-Friedrich-Bau, der im Dehio als „eine Hauptleistung der Frührenaissance in Deutschland" bezeichnet wird. Verständlich wird dies vor allem, wenn man den in seinem Zentrum befindlichen Großen Wendelstein, der der künstlerischen Glanzpunkt der gesamten Schloßanlage ist, mit seinem Meißener Vorgänger vergleicht. Das auf einem rechteckigen Altan fußende doppelläufige Treppenhaus ist durch französische Renaissancevorbilder inspiriert (Blois), stellt aber eine vollkommen eigenständige Lösung dar. Das von sechs in Rundbögen schließenden Freipfeilern getragene, als 3/8-Polygon in den Hof hineinragende Gebilde wird von einem geschweiften Giebel bekrönt, unter dem sich die sogenannte Spiegelstube befindet. Der Johann-Friedrich-Bau zeigt eine Vielzahl weiterer typischer Renaissanceelemente, wie etwa den von Konsolen getragenen Laufgang auf der Hofseite und die beiden schönen Runderker an den Außenkanten des dreizehnachsigen Flügels. Der Wendelstein ist ebenso wie die Brüstung des Laufgangs, die Fassungen der Vorhangbogenfenster und die Erker reich mit Renaissanceornamentik in der Art des flämischen Floris- oder Groteskenstils verziert.

Der Westflügel gegenüber dem Johann-Friedrich-Bau entstand zwischen 1616 und 1623 und ist ein reiner Renaissancebau. Da Schloß Hartenfels seit der Verlagerung der Residenz nach Dresden u. a. als Zuchthaus, Kaserne und Behördenunterkunft diente, hat sich im Inneren wenig vom ursprünglichen Erscheinungsbild erhalten. Das Inventar wurde im Siebenjährigen Krieg von den Preußen versteigert.

Wenngleich Burg Kriebstein bei Höfchen nördlich von Mittweida ab 1471 unter der Leitung Arnolds von Westfalen, sowie nochmals im 16. und 19. Jh. erweitert und durchgreifend verändert wurde, entstand der bauliche Kern der ovalen Anlage bereits in den Jahren zwischen 1384 und 1408, und die ältesten Teile wie die Burgkapelle datieren noch in die romanische Zeit. Der mittels kühner Substruktionen auf steilem Fels über dem Wehr des heutigen Zschopau-Stausees errichtete Bau ist die wohl malerischste Burganlage in Sachsen. Die Silhouette des verschachtelten Gebäudekomplexes wird weithin sichtbar von dem querrechteckigen Wohnturm beherrscht, dessen Errichtung den Auftakt zu den Bauarbeiten des 14. Jahrhunderts bildete. Nur wenig später entstanden die zweigeschossige Überbauung der Kapelle, der sich daran östlich anschießende Trakt mit der „Halle" und den oberen Sälen sowie der vierge-

Bautzen – Blick über die Spree zur Altstadt mit „Alter Wasserkunst" und St. Michaelis: Da das tief eingeschnittene felsige Spreetal die Ausbreitung der Lausitzmetropole nach Westen hin verhinderte, haben sich hier umfangreiche Teile der Stadtbefestigung erhalten, in die auch die „Alte Wasserkunst" zu Füßen der Michaeliskirche einbezogen ist. So eindrucksvoll sich das 1558 errichtete Schöpfwerk in das Stadtpanorama einfügt, zeigt es doch exemplarisch die Stagnation der Befestigungsarchitektur. Von Details wie dem Blendwerkfries am Helm abgesehen, unterscheidet sich der Turm kaum von den Bauten des 13.-15. Jahrhunderts.

Meißen, Rathaus – Südfassade: Die lange Zeit vermutete Mitwirkung Arnolds von Westfalen am Bau des Meißener Rathauses konnte nicht bewiesen werden. Stilistisch hat der 1472 entstandene Bau mit dem hohen Satteldach wenig mit der Albrechtsburg gemein. Die unregelmäßig verteilten Kreuzstockfenster erwecken den Anschein eines Renaissancegebäudes, die steilen Staffelgiebel über den Lukarnen zeigen hingegen noch eine eher konservative Blendengliederung. Im Gebäudeinneren haben sich u.a. einige Zellengewölbe erhalten.

Freiberg, Rathaus – Ostfassade: Das Freiberger Rathaus ist auf den ersten Blick kaum mehr als gotisches Gebäude zu identifizieren, obgleich sein baulicher Kern dem Jahre 1474 entstammt. In späteren Zeiten wurden jedoch zahlreiche einschneidende Veränderungen vorgenommen. So entstand das Satteldach mit seinen Gauben und Giebeln 1875, der Erker 1578 und das Portal im Jahre 1775. Der bereits seit 1429 bestehende Turm wurde 1618 erhöht und mit der barocken Laterne versehen.

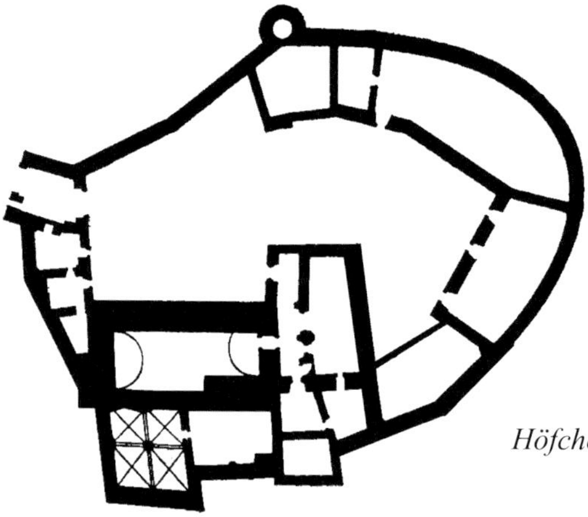

Höfchen, Burg Kriebstein

schossige Torturm, durch den man in den Burghof gelangt. Der sogenannte Küchenbau, der das Hauptgebäude im Osten beschließt, entstand unter der Leitung Arnolds von Westfalen. Der Eindruck der relativen stilistischen Einheitlichkeit rührt auch daher, daß Arnold an den Bauten des 14. Jahrhunderts Teile der Fassade erneuern ließ. Während die meisten Räume im Erdgeschoß, wie die „Halle", kreuzrippengewölbt sind, findet man in den oberen Geschossen überwiegend farbig gefaßte Holzdecken. Anstelle von Vorhangbogenfenstern trifft man auf rechteckige Sprossenfenster mit profilierten Fassungen. Die Burganlage wurde im 19. Jh. stark überarbeitet.

Schloß Rochsburg wurde im wesentlichen zwischen 1470 und 1482 von Hugold von Schleinitz und Arnold von Westfalen – beide tätig von 1472-75 – erbaut. Letzte Veränderungen wurden nach Bränden am Ende des 16. Jahrhunderts vorgenommen. Die in romantischer Lage oberhalb einer Schlinge der Zwickauer Mulde errichtete und fast vollständig erhaltene Anlage zählt zu den größten und eindrucksvollsten Höhenburgen des Landes. Sie besteht vor allem aus einer um einen rechteckigen Hof erbauten Hauptburg, die von dem in einer Renaissancehaube gipfelnden Bergfried überragt wird, einer diese im Westen und Süden umschließenden Vorburg, deren Dominante der schlanke, von einer Barocklaterne bekrönte schlanke Pulverturm ist, sowie einem nach Norden vorgelagerten Bastion, an deren Ostende sich der Torturm befindet. Der Außenbau der Hauptburg wird durch die zahlreichen dreigeschossigen Zwerchhäuser aufgelockert. Von den im ursprünglichen Zustand erhaltenen Räumen müssen vor allem die Alte und die mit dem Wendelstein verbundene Neue Kemenate sowie die 1523 vollendete St. Annenkapelle erwähnt werden. Das schöne Netzgewölbe der letzteren stammt von Caspar Kraft, dem Baumeister der Hallenser Marktkirche. Während die beiden Kemenaten einfache Kreuzgratgewölbe besitzen, findet man in den meisten übrigen Räumen kunstvolle Balkendecken.

Die bis ins frühe 13. Jh. zurückgehende Veste in Stolpen gelangte 1476 in den Besitz der Meißener Bischöfe, die sich die Anlage in der Folge als Residenz ausbauten. Sie befindet sich rund 15 km östlich von Dresden auf einer mächtigen Basaltkuppe, an deren Nordabdachung die Stadt erbaut ist, und dominiert weithin sichtbar die umgebende Landschaft. Das Torhaus und große Teile der Fortifikation, die der monumentalen Anlage den Charakter einer Festung in der Art Königsteins verleihen, entstanden erst ab 1675 unter der Leitung von Kaspar von Klengel. Trotz der Sprengung großer Teile der Festung durch die abziehenden napoleonischen Truppen (1813) haben sich von der spätmittelalterlichen Bebauung umfangreiche Reste erhalten. Neben dem

Plauen, Rathaus – Ansicht von Süden: Die Schauseite des Plauener Rathauses zeigt verschiedene Stadien des Übergangs von der Spätgotik zur Renaissance. Während der nach dem Brand von 1548 erneuerte Giebel bereits die geschwungenen Formen der Frührenaissance aufweist, findet man an der 1508 entstandenen zweigeschossigen, fünfachsigen Fassade noch dreiteilige Vorhangbogenfenster ähnlich denen an der Meißener Albrechtsburg. Der Laubenvorbau mit den seitlichen Freitreppen wurde 1912 angefügt.

Chemnitz, Altes Rathaus – Südfassade: Das Chemnitzer Rathaus wurde in den Jahren 1496-98 errichtet. Der Turm besteht bereits seit 1486. Wie in Freiberg harmoniert der durch Kreuzstockfenster gegliederte mittelalterliche Baukörper mit den späteren Ergänzungen wie dem Hauptportal von 1559 oder dem geschwungenen Renaissancegiebel des Risaliten. Der Flügel östlich des Turmes stammt von 1911, wurde den älteren Teilen aber stilistisch angeglichen.

Zwickau, Gewandhaus – Nordfassade: Das Zwickauer Gewandhaus wurde 1522-25 von Jakob Tengel erbaut, geht aber vermutlich auf Entwürfe Jakob Heilmanns zurück. Für eine Urheberschaft Heilmanns sprechen auch stilistische Anhaltspunkte. An den Gebäudeecken befinden sich mit Astwerk verzierte Rundpfeiler, und das Muster der seitwärts über die Giebelfläche hinausschwingenden Zierrippen erinnert entfernt an das Formenspiel der sogenannten Annaberger Wölbung. Wird jedoch die Annenkirche noch als gotisch empfunden, so deutet sich hier schon die Überleitung zu den Fassaden der Renaissance an.

1518 errichteten Kornhaus, das den ersten vom zweiten Burghof trennt, entstammen vor allem drei der vier die Silhouette des Gebäudeensembles prägenden Türme dieser Epoche. Während der bereits ab 1451 erbaute Siebenspitzenturm am Westende der Burg nur noch als Teilruine besteht, blieben der Schlösserturm (1476-87), der Seigerturm (1560) sowie der Johannesturm (1509), in dem die Gräfin Cosel, die Mätresse Albrechts des Starken, neunundvierzig Jahre ihres Lebens verbrachte, unbeschädigt. Besonderes Interesse verdient vor allem der sich über vier Geschosse erstreckende Johannesturm, der über einen separaten Treppenturm verfügt. In seinem Erdgeschoß befindet sich der „Gerichtssaal", der sich durch ungewöhnlich präzise gearbeitete Zellengewölbe auszeichnet. Der mit Vorhangbogenfenstern ausgestattete Schlösserturm diente bis zur Besetzung der Burg durch Kurfürst August (1558) als Bischofswohnung.

Die Bautzener Ortenburg war eine der größten Burganlagen Sachsens. Sie entstand 1483-86 im Auftrag des ungarischen Königs Matthias Corvinus, der 1479 als Gegenleistung für die Anerkennung des böhmischen Königs Wladislaw die böhmischen Nebenländer und damit u. a. auch die Lausitz erhielt. Weitgehend unverändert erhalten hat sich von den Baulichkeiten des 15. Jahrhunderts jedoch nur noch der Schloßturm, in dessen zweitem Obergeschoß sich die zellengewölbte Matthiaskapelle befindet. Über der Stadtseite seines spitzbogigen Durchfahrtsportals steht das 1486 von Briccius Gauske geschaffene, reich mit Maßwerk gerahmte Denkmal von Matthias Corvinus, das zu den bedeutendsten plastischen Bildwerken der Epoche in Sachsen zählt. Der gesamte Hauptbau der Ortenburg wurde wie auch die zur Spree hin vorgelagerten Bauten im Dreißigjährigen Krieg stark in Mitleidenschaft gezogen und besteht heute nur noch dem Korpus nach. Der architektonische Grundaufbau des dreigeschossigen Gebäudes mit den das Dach gliedernden Zwerchhäusern entstammt zwar noch dem 15. Jh., die Einzelheiten der Fassadengestaltung sowie auch die der Innenräume wurden jedoch im späten 17. Jh. vollständig erneuert.

Auch das auf einem Ausläufer des Rochlitzer Berges – auf dessen Westseite sich die Rochlitzer Porphyrbrüche befinden, denen viele bedeutende Bauten der Umgebung ihre Existenz verdanken – oberhalb der Mulde am Westende der Stadt errichtete Schloß Rochlitz zählt zu den Bauten, deren Geschichte bis in die romanische Epoche zurückreicht, die ihr heutiges Aussehen jedoch wesentlich spätgotischen Umgestaltungen verdanken. Während die Sockelgeschosse der beiden mächtigen Türme („Jupen“) am Westende des Schlosses, die dem Bau sein charakteristisches Gepräge geben, in das frühe 13. Jh. datieren, entstanden fast alle übrigen Teile zu Beginn des 16. Jahrhunderts. Da die im Osten gelegene Vorburg im 17. Jh. bis auf Reste abgetragen wurde, existiert heute nur noch die einen rechteckigen Hof umschließende Hauptburg. Während die zur Mulde hin gerichtete schlichte Südfassade ebenso wie die Nordfront nur einfache Sprossenfenster aufweist, findet man an der östlichen Schmalseite über dem Hauptportal Vorhangbogenfenster. Den Hauptblickfang dieser Fassade bildet das Polygon der im Inneren netzgewölbten Schloßkapelle, die das Glanzstück der Burg ist. Viele Innenräume besitzen noch die originalen Balkendecken. Die steilen Helme der „Jupen“ wurden um 1390 aufgerichtet.

Das auf einer Anhöhe oberhalb der Stadt gelegene Schloß Strehla wurde überwiegend zu Beginn des 16. Jahrhunderts erbaut. Der fast vollständig erhaltene Bau besteht aus einer Hauptburg, die einen annähernd quadratischen Hof umschließt und einer westlich gelegenen Vorburg mit einem um 1560 errichteten Torhaus. Die Westseite der Hauptburg wird durch zwei mächtige, in Renaissancehauben gipfelnde Türme geprägt. Auch die übrigen Bauten weisen neben spätgotischen Staffelgiebeln auch geschweifte Renaissancegiebel auf. An einigen Stellen sieht man Vorhangbogenfenster. Unterhalb des Südturms liegt die zellengewölbte Trinkstube, die mit zahlreichen spätgotischen Wandmalereien ausgestattet ist.

Wenngleich die Geschichte von Schloß Heynitz bis in das 14. Jh. zurückreicht – aus dieser Zeit stammt wohl der Wohnturm an der Nordwestecke des Baus – verdankt es sein heutiges Aussehen vorrangig einer Umgestaltung zu

Beginn des 16. Jahrhunderts. Der in einer Talmulde zu Füßen des Ortes gelegene, elegant proportionierte Bau zeigt mit seinen steilen, scheinbar durch das Formenspiel der Schlingengewölbe Benedikt Rieds und Jakob Heilmanns beeinflußten Blendwerkgiebeln und den zweigliedrigen Vorhangbogenfenstern den charakteristischen Bauschmuck der Epoche. Das Schloß war ursprünglich von einem Wassergraben umgeben, der jedoch bis auf einen kleinen Teich auf der Ostseite zugeschüttet wurde.

Die Städte

Stadtbefestigungen sind in Sachsen ungeachtet der häufig gut erhaltenen mittelalterlichen Altstadtkerne – verglichen etwa mit der Mark Brandenburg – erstaunlich rar. Das hat seinen Grund in der frühzeitigen Industrialisierung, die dazu führte, daß Sachsen zu Beginn des 20. Jahrhunderts die am dichteste besiedelte und zugleich auch eine der wohlhabendsten Regionen Deutschlands war. Die bedeutendsten Reste mittelalterlicher Stadtmauern haben sich in der Oberlausitz erhalten. Ein weiterer Grund besteht darin, daß bei manchen der im frühen 16. Jh. neugegündeten Bergstädte – wegen der fortgeschrittenen Militärtechnologie und des Niedergangs des Raubrittertums auf den Bau einer Stadtmauer verzichtet wurde. So erhielt Schneeberg anstelle einer Stadtmauer einen einfachen Zaun, der offensichtlich ebenso seinen Zweck erfüllte. Da die städtischen Fortifikationsbauten zumeist als rein funktionale Einrichtungen angesehen wurden, taugten sie kaum als Experimentierfeld für die Entwicklung innovativer Architekturformen und unterscheiden sich formal nur wenig von hundert Jahre älteren Bauten.

Die eindrucksvollsten Reste gotischer Stadtbefestigungsarchitektur weist Bautzen auf. Da sich die Stadt aufgrund ihrer Topographie im 19. Jh. vornehmlich nach Osten ausdehnte, haben sich oberhalb des tiefeingeschnittenen Spreetals zwischen der Michaeliskirche und der Ortenburg noch Teile der Stadtmauer und einige Türme erhalten, von denen vor allem der steilaufragende (1558 errichtete) Bau der „Alten Wasserkunst", in der sich ein altes Schöpfwerk befindet, zusammen mit der auf steilem Fels errichteten umgebenden Bebauung ein malerisches Ensemble bildet. Wie bei den meisten Befestigungstürmen der Epoche handelt es sich dabei um einen in einem Oktogonhelm gipfelnden, wuchtigen zinnenbekrönten Rundturm. Weitere derartige Bauten haben sich mit dem Reichenbachertorturm und dem Frauentorturm – an dem ein 1477 geschaffenes Stadtwappen angebracht ist – z. B. auch in Görlitz erhalten.

Obwohl die ursprünglich z. T. reich ausgestatteten spätgotischen Rathäuser vielerorts nachmittelalterlichen Neubauten gewichen sind, haben sich viele Bauten bis in unsere Tage erhalten. Der bekannteste kommunale Verwaltungsbau jener Zeit in Sachsen ist das Meißener Rathaus. Arnold von Westfalen war an seiner Entstehung wohl nicht – wie früher angenommen – beteiligt. Der im 16. Jh. stark überarbeitete rechteckige Monumentalbau ist vor allem durch die drei Zwerchhäuser auf der Marktseite des steil aufragenden Satteldachs geprägt, deren Blendengliederung ebenso wie die des Westgiebels erkennen läßt, daß man es noch mit einer Schöpfung des ausklingenden Mittelalters zu tun hat. Im Inneren finden sich in vielen Räumen, so vor allem im Ratskeller, noch die originalen Zellen- und Tonnengewölbe.

Das im Kern 1470-74 errichtete langgestreckte Freiberger Rathaus ist im 17. und 19. Jh. stark verändert worden. Der die Silhouette des Gebäudes prägende Turm aus dem 15. Jh. wurde 1618 erhöht. Das gotische Satteldach wurde ebenso wie Teile der ursprünglichen Fassadengestaltung dem Neorenaissanceumbau geopfert.

Das weitgehend im ursprünglichen Zustand verbliebene doppeltürmige Chemnitzer Rathaus entstand zwar im wesentlichen in den Jahren 1496-98 (der Seigerturm auf der Marktseite wurde mit seiner Haube schon 1486-88 errichtet), wirkt aber mit seinen jeglichen gotischen Zierrats entbehrenden Fassaden und den im Erdgeschoß rundbogigen, sonst rechteckigen Fensteröffnungen schon wie ein Renaissancebau.

Die ab 1508 errichteten spätgotischen Teile des nach einem Brand im Jahre 1548 umgestalteten und ab 1912 durch einen Neobarockanbau ergänzten Plauener Rathauses stehen wieder in der Tradition der Albrechtsburg. Unter dem schönen geschweiften Renaissancegiebel erkennt man die vertrauten dreiteiligen Vorhangbogenfenster, die auf einen Baumeister aus dem Umfeld Arnolds schließen lassen. Aufschlußreich ist der Vergleich des Giebels mit dem des 1523 entstandenen Zwickauer Gewandhauses. Abgesehen von den vorgeblendeten kielbogigen Diensten und den geschwungenen Freistegen des Zwickauer Baus ist die Grundform beider Fassaden fast gleich. Obgleich bis weit in die zweite Jahrhunderthälfte hinein immer wieder spätgotische Elemente wie Vorhangbogenfenster oder Schmuckgiebel in gewundener Reihung verwendet wurden, vollzog sich die stilistische Umstellung im wesentlichen in den 30er Jahren. So ist das 1539 entstandene Marienberger Rathaus ein reiner Renaissancebau.

Auch die aus mittelalterlicher Zeit erhaltenen Wohnhäuser entstammen fast durchweg dem späten 15. und frühen 16. Jh. Zwar gibt es in fast allen größeren sächsischen Städten vereinzelt spätgotische Häuser, großflächige Ensembles, die einen Eindruck vom ursprünglichen Erscheinungsbild der Straßenzüge und Plätze vermitteln, sieht man aber fast nur noch in Freiberg und Görlitz. Selbst die unbeschädigt aus dem Zweiten Weltkrieg hervorgegangenen Städte Meißen und Bautzen sind heute durch die Bebauung aus der Barockzeit geprägt. Auf den umfangreichsten Bestand mittelalterlicher Stadtarchitektur trifft man in der Freiberger Altstadt im Bereich des Ober-, des Untermarktes und des Petriplatzes. Der prächtigste Einzelbau ist die im Erdgeschoß zellengewölbte Thümerei nördlich des Domes mit ihrem mächtigen blendengeschmückten Giebel. Während die meisten Wohnhäuser traufseitig zur Straße gebaut wurden und mit den Giebelflächen aneinanderstoßen, präsentieren sich die funktionell hervorgehobenen oder von besonders wohlhabenden Bürgern errichteten Bauten mit reich gestalteten Schaufronten. Mit dem Gewandhaus und dem Dünnebierhaus existieren gleich zwei aufwendige Bauten dieses Types am Zwickauer Markt. Eine regionale Sonderform existiert in Görlitz. Die Häuser am Untermarkt 2-5 besitzen eine vom Erdgeschoß bis zum Dachstuhl reichende Eingangshalle unter einem Netzgewölbe.

Der fast organische Formenwandel läßt sich in der sächsischen Profanarchitektur beispielhaft an den Fenstern ablesen. Die steinernen Mittelpfosten der Arnoldschen Vorhangbogenfenster wurden allmählich zugunsten von hölzernen Fenstersprossen verdrängt. Bei den bis zur Mitte des 16. Jahrhunderts errichteten Rat- und Wohnhäusern entdeckt man neben Vorhangbogenfenstern unterschiedlichster Form und Größe immer häufiger Kreuzstockfenster, die anfangs teils noch durch steinerne Pfosten, später dann durch Holzsprossen geteilt sind. Von denen der Renaissancezeit sind sie fast nur noch durch die Stabwerkprofilierung ihrer Gewände unterschieden.

Während die sächsischen Stadtpfarrkirchen noch bis zum Ende des 16. Jahrhunderts mittelalterlicher Tradition verhaftet blieben, hat sich an den Profanbauten der Epoche ein sukzessiver Übergang von der Gotik zur Renaissance vollzogen. Die „Kulturträgerschaft“ war am Vorabend des Anbruchs der „Neuzeit“ auf die Profanarchitektur übergegangen, und die Frage, welcher Bau noch und welcher schon nicht mehr gotisch ist, läßt sich häufig kaum mehr noch beantworten.

Bedeutende historische Ereignisse	Die romanische Architektur
Gründung des Bistums Meißen (968)	Meißen, Burgkapelle (968 ?)
Großer Wendenaufstand (983)	Bautzen, Dom St. Peter (vor 1002 ?)
Erste Erwähnung von Bautzen (1002)	Meißen, Dom (1006)
Die Lausitz geht nach langen Kämpfen mit Polen an die Mark Meißen (1032)	Pegau, Klosterkirche St. Jakob (1096, Grabplatte Wiprechts von Groitsch um 1230)
Erste Erwähnung von Görlitz (1071)	Gnandstein, Burg (1100-90)
Verleihung der Mark Meißen an den Wettiner Heinrich von Eilenburg (1089)	Bad Lausick, St. Kilian (1105)
	Leisnig, Schloß Mildenstein; Burgkapelle (1. Hälfte 12. Jh.)
Konrad der Große (von Wettin) (1123-56)	Wurzen, Dom St. Marien (1114)
Todesjahr des Markgrafen Wiprecht von Groitzsch (1125)	Wechselburg, Stiftskirche (1160-68; Bildwerke um 1230/40)
Gründung Zwickaus (um 1145)	Chemnitz, St. Jakobi (1165)
Markgraf Otto der Reiche (1156-1190)	Leipzig, St. Nikolai (1165)
Gründung Leipzigs (1156-70)	Geithain-Wickershain, St. Marien (1168)
Die Lausitz geht als Lehen an Böhmen (1158)	Nossen, Klosterkirche Altzella (1175-98; Portal Anfang 13. Jh., erhalten)
Entdeckung der Freiberger Silbererzlager (1168)	Rötha, St. Georgen (2. Hälfte 12. Jh.)
	Rochlitz, Dorfkirche (2. Hälfte 12. Jh.)
Dietrich der Bedrängte (1197-1221)	Borna, Kunigundenkirche (spätes 12. Jh.)
	Pegau, St. Laurentius (1189)
	Frauenstein, Burg (12. Jh.)
	Altpenig, Dorfkirche (Ende 12. Jh.)
Gründung Dresdens (um 1200)	Kitzen-Hohenlohe, Dorfkirche (12.-13. Jh.)
Gründung Pirnas (um 1200)	
	Freiberg, Dom Unser lieben Frau (spätes 12. Jh.; Bildwerke um 1230/40)
	Mylau, Burg (Ende 12. Jh.)
	Geithain, St. Nikolai (um 1200)
	Höfchen, Burg Kriebstein (um 1200)
Gründung von Chemnitz (um 1220)	Elsterberg, Lobdaburg (Anfang 13. Jh.)
Gründung Plauens (um 1220)	Görlitz, St. Peter-und-Paul, (Anfang 13. Jh.)
	Rochlitz, Burg, „Jupen" (Anfang 13. Jh.)
	Zwickau, St. Marien (1206)
	Freiberg, St. Petri (1210-18)
	Meißen, St. Martin (um 1220)
Markgraf Heinrich der Erlauchte (1221-88)	Röcknitz, Dorfkirche (13. Jh.)

Gründung Zittaus (um 1230)	Plauen, St. Johannes (ab 1230)
	Grimma, Unserer lieben Frau (1230-40)
	Etzoldshain, Dorfkirche (mittleres 13. Jh.)
	Dippoldiswalde, St. Nikolai (Mitte 13. Jh.)
Erwerb des Pleißener Landes (1243)	Dippoldiswalde, St. Marien-und-Laurentius (Mitte 13. Jh.)
Erwerb der Landgrafschaft Thüringen (1247)	Kohren-Sahlis, St. Gangolf (Mitte 13. Jh.)
	Entwicklung und Blüte der Gotik
	Panschwitz-Kuckau, Kreuzgang, Kreuzkapelle, Kapitelsaal (um 1250)
Die Lausitz wird an Brandenburg verpfändet (1253)	Panschwitz-Kuckau, Zisterzienser-Nonnen-Klosterkirche (60er Jahre 13. Jh.)
	Meißen, Dom (1265 bis 15. Jh.)
	Wurzen, Dom St. Marien (1260 bis Mitte 14. Jh.)
Markgraf Albrecht II. der Entartete (1288-1307)	Zittau, Frauenkirche (Chor um 1260)
	Bautzen, Dom St. Peter (Westvorbau zweite Hälfte 13. Jh.)
Sächsischer Sieg über König Albrecht I. in der Schlacht bei Lucka (1307)	Zittau. Franziskanerkirche (spätes 13. Jh.)
	Meißen, St. Afra (1284-1326)
	Pirna, Dominikanerkirche (1300 bis zweite Hälfte 14. Jh.)
Lausitzer Städtebund gegen das Raubrittertum (1329)	Weesenstein, Schloß (seit Anfang 14. Jh.)
	Döbeln, St. Nikolai (1333 als Basilika begonnen; ab 1479 als „Halle“ vollendet)
Ausbruch der Pest (1339)	Leipzig, St. Tomas, Chor (1355)
Erwerb der Feste Coburg (1353)	Oybin, Klosterkirche (1365-84)
Goldene Bulle (1356)	Chemnitz, St. Jakobi (Langhaus ab 1365; Chor Anfang 15. Jh.)
Friedrich I. der Streitbare (1370-1428)	Görlitz, Franziskanerkirche (Chor 1371-81)
Karl IV. erwirbt die Lausitz für Böhmen (1370)	Höfchen, Burg Kriebstein (1384-1408)
	Heynitz, Schloß (Kernbau 14. Jh.)

Ausklang des Mittelalters

	Freiberg, Dom (Chor 1386, Langhaus 1484-1501)
	Torgau, St. Marien (1390 bis Mitte 15. Jh.)
Gründung der Leipziger Universität (1409)	Kamenz, St. Marien (etwa 1400-1450)
	Chemnitz, Schloßkirche (Chor um 1400, Langhaus 1484-1540)
Verbrennung des Johann Hus (1415)	Freiberg, St. Petri (1401-40)
	Liebstadt, Schloß Kuckuckstein (ab 1402)
Hussitenkriege (1420-36)	Zittau, Kreuzkirche (Anfang 15. Jh.)
	Pegau, St. Laurentius (15. Jh.)
Erhebung Friedrichs I. zum Kurfürsten von Sachsen-Wittenberg (1423)	Chemnitz-Ebersdorf, Stiftskirche (1410-20)
	Borna, St. Katharinen (1411-34)
	Görlitz, St. Peter-und-Paul (1423-97)
Kurfürst Friedrich II. der Sanftmütige (1428-64)	Geithain-Wickershain, St. Marien (ab 1424)
	Frohburg, St. Michael (ab 1425)
	Wittichenau, St. Mariä-Himmelfahrt (ab 1429)
	Schwarzenberg, Schloß (1433)
	Freiberg, St. Nikolai (1440 bis Anfang 16. Jh.)
	Oschatz, St. Ägidien (1443/1846)
Gründung von Stolpen (Mitte 15. Jh.)	Meißen, Frauenkirche (1447-57)
	Meißen, Franziskanerkirche (1447-57)
	Görlitz, Frauenkirche (1449-86)
	Görlitz, St. Nikolai (1452-1515)
Herzog Albrecht der Beherzte (1464-1500), Stifter der Albertinischen Linie der Wettiner	Zwickau, Dom St. Marien (Chor 1453-70; Langhaus 1506-65)
	Mittweida, St.Marien (1454-76)
	Pirna, St. Marien (1466-79)
	Rochsburg, Schloß (1470-82)
	Torgau, Schloß Hartenfels (1470 bis Mitte 16. Jh.)
	Meißen, Albrechtsburg (1471-89)
Gründung der Stadt Schneeberg (1471)	Meißen, Rathaus (ab 1472)
	Meißen, Bischofsschloß (1476-1518)
	Penig, Unser lieben Frau (1476-1515)
	Zwickau, St. Katharinen (2. Hälfte 15. Jh.)
	Bautzen, Dom St. Peter (2. Hälfte 15. Jh.)

	Rochlitz, St. Kunigunden (2. Hälfte 15. Jh.)
	Stolpen, Veste (1476 bis Mitte 16. Jh. und später)
	Zwickau, „Dünnebierhaus“ (1480)
	Schönfels, Burg Altschönfels (1480)
	Görlitz, „Heiliges Grab“ (1481-1504)
	Leipzig, St. Thomas (Langhaus 1482-96)
Albrecht der Beherzte (1485-1500) Leipziger Erbteilung (1485)	Bautzen, Ortenburg (Burgwasserturm um 1400, sonst 1483)
Erhebung Dresdens zur Residenzhauptstadt (1485)	Görlitz, Stadtbefestigung (u. a. erhalten Reichenbacher Torturm 1484, Kaisertrutz 1490)
Neue Silberfunde im Erzgebirge (ab 1485)	Zittau, Weberkirche (1488-1518)
Kurfürst Friedrich der Weise (1486-1525)	Sachsenburg, Schloß (1488)
	Kamenz, Franziskanerkirche (1493 bis Anfang 16. Jh.)
	Gnandstein, Burg (Kapellenflügel Ende 15. Jh.)
	Görlitz, Franziskanerkirche (Langhaus Ende 15./Anfang 16. Jh.)
Gründung Annabergs (1492)	Hoyerswerda, St. Johannes (Ende 15./Anfang 16. Jh.)
	Rochlitz, Schloß (Ende 15./Anfang 16. Jh.)
	Strehla, Schloß (Ende 15./Anfang 16. Jh.)
Privileg für die Leipziger Handelmessen durch Kaiser Maximilian I. (1497)	Annaberg, St. Annen (1499-1525) Strehla, Stadtkirche (spätes 15. bis frühes 16. Jh.)
	Heynitz, Schloß (Anfang 16. Jh.)
Herzog Georg der Bärtige (1500-39)	Pirna, St. Marien (1502-46)
Gründung der Wittenberger Hochschule (1502)	Geithain, St. Nikolai (ab 1504) Plauen, Rathaus (1508)
	Belgern, St. Bartolomäus (1509-12)
	Rötha, St. Marien (1510-20)
Gründung Marienbergs (1521)	Leipzig, St. Nikolai (Langhaus 1513-26)
Gründung Oberwiesenthals (1527)	Crimmitschau, St. Laurentius (Langhaus 1513)
	Schneeberg, St. Maria und St. Wolfgang (1515-40)
Einführung der Reformation unter Heinrich dem Frommen (1539-1541)	Oelsnitz, St. Jakobi (ab 1519)

Herzog Markgraf Moritz (1541-53) Schmalkaldischer Krieg (1546-47) Schlacht bei Mühlberg (1548) Belehnung des Herzogs Moritz mit dem Kurkreis Wittenberg (1548) Kurfürst August (1553-1586)	Zwickau, Gewandhaus (1522-25) Meißen, Domherrenhöfe (ab 1526) Torgau, Schloßkirche (1543-44) Plauen, St. Johannes (1548) Dahlen, Unserer lieben Frau (Langhaus zweite Hälfte 16. Jh.) Marienberg, St. Marien (1558-64) Lauenstein, Stadtkirche (nach 1594)

Glossar

Apsis: halbkreisförmiger oder eckiger, gewölbter Raum als Chorabschluß.

Archivolte: der Teil der Portalfassung, der die Gliederung des Gewändes im Bogenlauf fortsetzt.

Basilika: Kirchenbau mit gegenüber den Seitenschiffen erhöhtem Mittelschiff.

Bettelordensgotik: bewußt schmucklos gestaltete Sakralbauten der zu Armut und Askese verpflichteten „Bettelorden" der Dominikaner und der Franziskaner.

Binnenchor: Mittelschiffendigung bei Umgangschören (vom Chorumgang umschlossen).

Binnenpolygon: vielseitiger (polygonale) Abschluß des Binnenchors.

Blenden: durch die Mauerstruktur oder die Art des Materials hervorgehobener Mauerteil, in der Gotik meist als spitzbogige Vertiefung hinter „vorgeblendetem" Mauerwerk.

Blendnische: unterhalb der Obergadenfenster als deren scheinbare Verlängerung in die Wand eingelassene Vertiefung mit aufgemauerten Diensten.

Chor: der das Kirchenschiff im Osten abschließende Bauteil. Beherbergt den Hochaltar und das Gestühl für den Chor der Geistlichen. Ursprünglich der für den Chorgesang bestimmte Raum im Osten der Kirche, von Lang- oder Querhaus durch Lettner, Chorschranke oder -gitter abgeteilt.

Chorrandkapellen: radial am Chorumgang anliegende Apsiden.

Chorscheitelkapelle: apsidialer Abschluß am Chorhaupt- bzw. Chorumgang.

Chorumgang: durch Weiterführung der Seitenschiffe umlaufender Gang um den Chor.

Chorpolygon: mehrseitiger (polygonaler) Chorabschluß.

Dienst: langes dünnes Säulchen als Bestandteil eines Bündelpfeilers oder Wandpfeilers zur Stütze von Gurten und Rippen eines Kreuzrippengewölbes.

Empore: tribünen- oder balkonartig sich öffnender Aufbau meißt im Westen des Kirchenschiffs (Orgelempore) – bei spätgotischen Kirchen teils entlang der Seitenschiffe oder sogar um den Cor herumgeführt.

Fiale: schlankes Türmchen als Bekrönung von Strebepfeilern oder seitliche Begrenzung von Wimpergen.

Flamboyant-Gotik:	Stil der französischen Spätgotik mit flammenförmigem Maßwerk.
Gewände:	schräger Mauereinschnitt bei Fenstern und Portalen, in der Gotik meist profiliert.
Gewölbekappe:	zugemauerte Fläche zwischen Rippen und Gurtbögen, eines der vier Teilstücke des Kreuzgewölbes.
Gurtbogen:	Verstärkungsbogen quer zur Längsachse des Kirchenschiffes – trennt die Joche voneinander.
Joch:	Gewölbefeld eines Bauwerkes, von vier Stützen begrenzt.
Kämpfer:	oberste vorspringende Platte eines Pfeilers oder einer Säule als Auflage für Bogen und Gewölbe.
Kaffgesims:	Gesims auf der Ebene der Fenstersockel, diese meist miteinander verbindend.
Kielbogen:	schiffskielförmig schließender gotischer Spitzbogen (Eselsrücken).
Krabbe, Kriechblume:	blattornamentales Zierelement auf den Kanten von Giebeln, Turmhelmen und anderen Teilen.
Kreuzblume:	kreuzförmig auslaufende, aus Blattwerkornamenten gebildete Spitze an Türmen, Giebeln, Fialen usw.
Lanzettbogen:	übersteiler Spitzbogen.
Lettner:	meist reich gestaltete durchgängige Scheidewand zwischen Chor und Langhaus, im 16. Jh. in den meisten Kirchen beseitigt.
Lichtgaden:	gleichbedeutend mit Obergaden.
Lisene:	senkrechter, flacher Mauerstreifen zur Gliederung der Fassade.
Lukarnen:	geschoßhohes, meist reich verziertes Dachfenster mit eigener architektonischer Gliederung (auch Zwerchhaus).
Maßwerk:	aus geometrischen Formen aufgebautes Bauornament; ursprünglich nur für die Gestaltung des Fensterzwickels, später als Blendmaßwerk zur Giebeldekoration, als durchbrochenes Maßwerk zur Füllung von Brüstungen oder Wimpergen; wichtigste Formen: Paß, Fischblase.
Netzgewölbe:	spätgotische Wölbungsform mit jochübergreifendem netzförmigem Rippenmuster.
Obergaden:	über die Seitenschiffe herausragender Teil des Mittelschiffes in einer Basilika, in dem die Hochschifffenster liegen (Lichtgaden).
Palas:	Wohn und Repräsentationsbau der mittelalterlichen Burg.
Paß:	Kreisteil im Schildbogen des gotischen Maßwerkfensters.
Pilaster:	Wandpfeiler mit Kapitell zur Aufnahme und Ableitung von Lasten.
Plinthen:	quadratische Fußplatte von Säulen, Pfeilern und Skulpturen.
Presbyterium:	der für die Priester bestimmte Raum am Hauptaltar (Chor).
Querhaus:	quer zum Langhaus verlaufender Bauteil in Kirchenbauten.
Rayonnant-Gotik:	klassischer hochgotischer französischer Baustil.
Scheidarkatur:	Bogenarkade, die im Kircheninnern die vorhandenen Schiffe voneinander trennt.
Schildbogen:	Bogen, der sich an der Durchdringungsstelle eines Gewölbes und einer Mauer ergibt; meist zugleich auch oberste Fensterbegrenzung.
Stabwerk:	schlanke senkrechte Stäbe zur Unterteilung von Fenstern und Maßwerkpartien.

Staffelhalle: *Hallenkirche mit überhöhtem Mittelschiff ohne ausgebildete Obergaden.*

Sterngewölbe: sternförmige Konfiguration der Gewölberippen.

Strebewerk: Konstruktionssystem zur Ableitung der Gewölbeschübe über die Strebebögen (Schwibbögen) und Strebepfeiler an die Fundamente am Außenbau von Basiliken.

Stützenwechsel: Wechsel unterschiedlicher Pfeilerquerschnitte im Mittelschiff der romanischen Basilika zur rhythmischen Belebung des Langhauses – im Idealfall Wechsel von Pfeiler und Säule.

tiapsidialer Chor: gotische Choranlage, bei der die einzelnen Schiffe in separaten polygonalen Apsiden schließen.

Triforium: Laufgang zwischen Arkaden und Fensterzone einer Basilika.

Triumphbogen: Querbogen zwischen Chor und Vierung bzw. Langhaus.

Triumphkreuz: unterhalb des Triumphbogens angebrachtes Kruzifix.

vegetabilisch: pflanzliche Form imitierend.

Wendelstein: aus der Gebäudeflucht hervortretender Turm mit Wendeltreppe im Inneren.

Wimperg: gotischer Ziergiebel über Portalen und Fenstern, meist mit Blendmaßwerk gefüllt, gerahmt von Fialen und Krabben.

Register

Abbildungen sind **fett** gedruckt.